别说汽车你都懂
笑着就读完的汽车百科

视知车学院　组编

主　编　马昌博
副主编　吴久久　黄　涛
参　编　袁　清　曾　攀
　　　　何　超　杨家威
　　　　赵国贺

机械工业出版社
CHINA MACHINE PRESS

截至2021年年底，全国机动车保有量达到3.95亿辆，机动车驾驶员4.81亿人，而与此相衬的是，互联网上汽车资讯爆炸，内容鱼龙混杂。新手想要快捷地寻求选车、买车、用车、养车的知识，既耗时又费力。因此，视知车学院本着为读者做减法，认真做科普的原则，把过去几年制作的内容进行重新整理、打磨，并最终落到了你面前的这本书上。本书一定不是汽车业界最硬核的科普读物，但很可能是让新手快速成长的"进阶之梯"，非常适合汽车专业人士、有车一族、汽车爱好者阅读使用。

图书在版编目（CIP）数据

别说汽车你都懂：笑着就读完的汽车百科 / 视知车学院组编；马昌博主编. — 北京：机械工业出版社，2022.6
ISBN 978-7-111-70973-2

Ⅰ. ①别… Ⅱ. ①视… ②马… Ⅲ. ①汽车–普及读物 Ⅳ. ①U46-49

中国版本图书馆CIP数据核字（2022）第099103号

机械工业出版社（北京市百万庄大街22号　邮政编码100037）
策划编辑：赵　屹　马　琳　　责任编辑：赵　屹　马　琳
责任校对：薄萌钰　李　婷　　责任印制：张　博
北京华联印刷有限公司印刷

2022年10月第1版第1次印刷
148mm×210mm・8.375印张・267千字
标准书号：ISBN 978-7-111-70973-2
定价：69.00元

电话服务　　　　　　　　　　网络服务
客服电话：010-88361066　　　机 工 官 网：www.cmpbook.com
　　　　　010-88379833　　　机 工 官 博：weibo.com/cmp1952
　　　　　010-68326294　　　金 书 网：www.golden-book.com
封底无防伪标均为盗版　　　　机工教育服务网：www.cmpedu.com

序　PREFACE

大家好，我是《视知车学院》的院长，很高兴你翻开了这本书！

先做下自我介绍：《视知车学院》是专门针对汽车爱好者、汽车专业人士和有车一族打造的汽车自媒体，目的是把复杂晦涩的汽车术语变成有趣的白话，为大家解决买车、用车中遇到的各种问题。

在做汽车自媒体的六年时间里，院长跟小伙伴们制作了数百期动画和漫画节目。在这几年里，我们把动画由二维升级为三维，通过清晰的机械解剖，为大家带来汽车技术的清晰展示；漫画则用来调侃汽车行业和消费者遇到的各种问题。

我们的运气还算不错，《视知车学院》在全网收获了近千万名粉丝，也收获了不少奖项，并成为公认的既有料又有趣，坚持真知识的汽车自媒体。

在容易被遗忘的互联网时代，院长想出一本书，把我们过去的工作沉淀一下。几经周折，一本通俗易懂、老少皆宜、还算有趣的汽车科普书就这样诞生了。院长希望书中的内容能够帮到你，让你更加了解汽车，也更能享受驾车的乐趣。

最后，感谢所有粉丝小伙伴们对院长的大力支持，欢迎在微博、微信等平台关注《视知车学院》。你会在这里看到更多有趣的汽车技术解析、行业分析，帮你解决选车、用车的问题，也欢迎与我们交流你的汽车故事。

《视知车学院》
院长

目录 CONTENTS

序

第一章 汽车科技

002 电子驻车制动器紧急时刻还能救命？
90% 的车主都不知道这个功能

004 用哪些技术，可以把涡轮增压变得
像自然吸气一样平顺？

010 汽车打开转向灯时，
为什么会发出"嗒嗒"声？

013 汽车外形越做越大，
对你平时开车坐车有哪些好处？

017 发生事故时，
坐在车里哪个位置最安全？

020 为什么中国的长轴距车比欧美多？
长轴距车到底有什么好？

023 新手驾驶员必懂：ABS 到底是什么？

026 听关车门的声音就能判断汽车的
质量和安全性？到底是不是在吹牛？

029 经验丰富的驾驶员常说的"底盘大梁"，
到底是什么？

032 承载式车身没有"大梁"，
安全性靠得住吗？

035 为什么上至百万元下至 5 万元的电动车，
都只有一个前进档？

第二章　汽车生活——买车篇

- 040　对一般车主来说，
电动汽车和燃油汽车哪个更值得买？

- 043　买车非要买高配？
看看哪些配置更有用！

- 047　汽车座椅选不好，不仅腰痛脖子痛，
还可能要命！

- 050　黑色车最容易出车祸？
买车选什么颜色比较好？

- 053　为什么买车一定要有 ESP？
因为关键时刻它能帮你保命！

- 056　买完就后悔的糟心配置，
看看你的车上有没有？

- 059　全真皮内饰是真的吗？
两分钟告诉你塑料如何做出真皮效果

第三章　汽车生活——用车篇

- 064　乱改排气管会影响汽车动力？
驾驶员们得看看！

- 067　高胎压或低胎压，
哪种引起爆胎的概率更高？

- 070　停车后方向盘不回正？
这些地方可受不了！

- 074　自动启停必须关闭的几种情况，
别让它毁了你的发动机

- 077　乙醇汽油动力差、油耗高？
到底能不能用？

- 081　如何快速顺利地通过汽车年检？

- 086　新车磨合不好等于毁车，
磨合期这么开车最靠谱

090 不仅费钱还伤车，
这些过时的经验千万别信！

093 拖车不当反而毁坏变速器，
这里告诉你正确的拖车方法

097 时速 120 千米就是 120 迈？
你知道它们之间相差多少吗？

099 资深驾驶员的用车秘诀！
看懂汽车转速表省油又养车

102 花 20 元和 200 元修补轮胎，
效果有什么不一样？

105 换冬季胎是不是白花钱？
它跟普通轮胎有什么不一样？

108 该加 95 号汽油却图便宜加 92 号的，
对发动机损害有多大？

111 花式玩车第一步，
教你如何安全地弹射起步

115 轻加速，慢开车，真能省油吗？

119 教你怎么开车最省油！
这 6 招都学会，油耗大幅降低

第四章
汽车生活
——养车篇

124 这几个毁车动作，新手驾驶员最爱犯！

128 为什么汽车涉水熄火后不能二次打火？

130 涉水后不检查这几个地方，
你的车可能就报废了

133 车漆出现了太阳纹？
可能是你的洗车姿势不对

136 为什么花多少钱补车漆，都不如原厂漆？

139 冬季积雪汽车无法启动怎么办?
跟有经验的驾驶员学几招,安全又养车

142 为什么汽车长期停放等于毁车?

146 夜间气温降到零度以下,
汽车需要换冬季专用的机油防冻液吗?

149 小店修不了,大店修不好,
这些毛病你的车有吗?

152 一样在市区里堵车,
为什么你的车特别容易产生积炭?

155 拉高速能清积炭,是真的吗?

159 为什么开时间长了的汽车会有异响?
应该怎么解决?

162 洗车应该怎么洗?
这几点不注意,有可能会毁掉车漆

165 明明没下雨,车里却存了一摊水?
排水孔检查了解一下!

169 豪车终生免换变速器油?
普通车应该多久换一次?

172 汽车抖动、异响、跑偏,
到底该做动平衡还是四轮定位?

175 这些车主以为的汽车大问题,
其实都是小毛病!

178 空档滑行到底会不会烧坏自动变速器?

182 在路口掉头总是不能一把过?
教你 3 个小技巧提升车技!

186 自动档停车时直接挂 P 位,
到底会不会损伤变速器?

189　夏季停车，车头位置很重要。
　　　停对地方车内温度降低 20℃！

191　天热了，给车窗贴膜？
　　　不知道这件事可能白贴！

194　天气转凉，如何防止动物在你的车内安家？

197　为什么我的车一到冬天油耗就升高？
　　　竟然是因为不会开暖风

200　忘带钥匙要砸窗？
　　　砸错这一块，多花几千块！

203　如何不伤车漆地清除掉鸟粪、
　　　树胶这些顽固污渍？

206　夏日小妙招：一分钟教你降低车内温度！

第五章
汽车安全

210　什么样的汽车更安全？

214　雨天开车，哪些准备工作能提高行车安全？

217　轮胎花纹作用大有不同，
　　　教你如何挑选一款安全轮胎

220　汽车落水怎么办？学会这两招能保命！

223　夏天在车上放这些东西，汽车很可能自燃！

226　穿高跟鞋开车不安全！

230　汽车自燃只能认倒霉？

233　车主注意：夏天没买涉水险？
　　　小心汽车进水保险公司分文不赔！

236　汽车盲区有隐患，
　　　如何调整后视镜来降低风险？

239　关键时刻能救命！
　　　你必须掌握的冬季开车技巧都在这儿

242 高速路上爆胎怎么办?
教你几招,关键时刻能保命!

245 几种可能致命的车内装饰品,
看看你的车里有没有?

248 雷雨天开车,记住这几点能保平安!

251 学会车灯的使用方法,
相当于掌握了一项救命技巧!

254 车辆被撞侧翻后,
带天窗和不带天窗的车哪种更安全?

电子驻车制动器紧急时刻还能救命？90% 的车主都不知道这个功能

之前车学院介绍过，电子驻车制动器能够节省车内空间，便于力气小的驾驶员使用，同时它还有些隐藏的拓展功能，比如紧急制动、自动驻车。下面就来说说电子驻车制动器的这些拓展功能怎么用。

电子驻车制动器和传统刹车（俗称手刹）的工作原理不一样，在一些刹车失灵的情况下，电子驻车制动器能够承担紧急制动的责任。

传统驻车制动器的制动力大小完全靠经验，劲儿小了不管用，劲儿太大了后轮直接抱死、车辆失控，你就闭着眼漂移吧。

电子驻车制动器在紧急制动的情况下，是和 ABS（防抱死制动系统）、EBD（电子制动力分配）、ESP（车身电子稳定系统）这些安全配置一起工作的，能给四个轮子同时施加合理的制动力，最终让车辆平稳、安全地停下来。

有个功能和电子驻车制动器有点像,就是自动驻车,一般都在电子驻车制动器按钮的旁边。

你只要在停车时深踩制动踏板,汽车就会自动驻车制动,让你的右脚得到解放。想继续行驶,轻踩加速踏板(即油门踏板),自动驻车制动器便会解除。平时堵车、等红绿灯时就能体会到它的好处了。

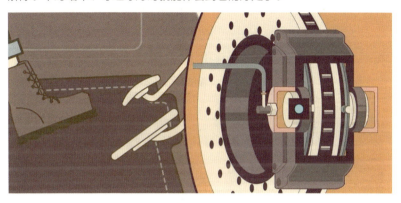

"你这么一说确实不错,应该强制安装啊!"

但是,如果车辆电量不足,电子驻车制动器就没法用了,而且电动机的稳定性怎么也比不了机械拉索,造价和维修费用也更高。另外,装了电子驻车制动器,漂移也就没法玩儿了。

但总体来说,电子驻车制动器的优点更多。

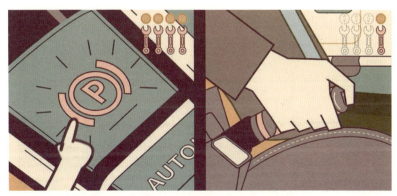

第一章 汽车科技 | 003

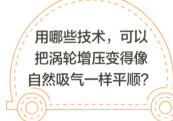

用哪些技术，可以把涡轮增压变得像自然吸气一样平顺？

涡轮增压技术虽然能大幅提升发动机动力，但也会带来明显的涡轮迟滞。为了让动力输出更平顺，各大汽车厂家可是没少花心思，比如增加涡轮数、延迟点火时间等。然而，这些技术各有优缺点，到底哪项技术能让涡轮增压像自然吸气一样平顺呢？下面就说说一般家用汽车应如何改善涡轮迟滞。

大涡轮跑得快，可涡轮迟滞也明显，有些采用涡轮增压技术的汽车，在发动机转速达到3000转/分之前可能真的开不快。

只有你深踩加速踏板，使发动机转速超过4000转/分时，汽车动力才能得到爆发。

涡轮的工作原理，是用发动机的高压废气推动涡轮，涡轮再带动叶轮，把新鲜空气送到发动机里面。

涡轮的大小直接关系到进气量的多少，就像风扇的扇叶越大，风越大。

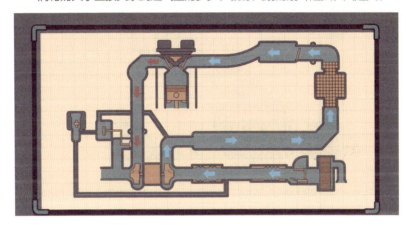

而涡轮越大，就需要越多的废气来推动。

因此，大涡轮在发动机达到中高转速（3000转/分以后）时才开始"爆发"，这就导致涡轮迟滞非常明显。

对于这种迟滞现象，各大汽车厂商想了各种办法。

最常见的是涡轮组合。

比如马自达的RX-7，采用了一大一小两个涡轮，大涡轮在发动机高转速时发力，小涡轮则负责弥补发动机低转速时的动力不足。

还有厂家直接用两个小涡轮搭配，每个涡轮只负责给一半气缸增压进气。

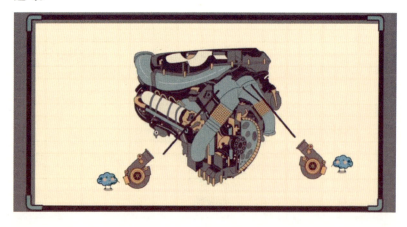

布加迪的W16发动机带有4个涡轮增压器,发动机低转速(3800转/分以下)时只有2个涡轮工作,高转速时4个涡轮一起工作,保证"压榨"出最大功率。

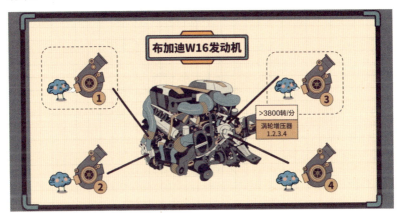

有一种可变涡轮截面的技术,把导流叶片变成可调节的涡流截面,能兼顾各种转速下的动力输出。

这种技术主要用在柴油发动机上,只有一些高端的汽油车才会使用。

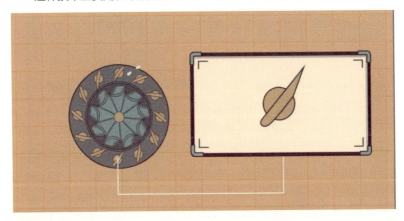

另一种技术叫偏时点火，常用在拉力赛车上（比如三菱EVO）。

在松加速踏板和踩制动踏板的时候，ECU（电子控制单元）仍会命令大量汽油喷入气缸，但这时并不点火做功。没燃烧的混合气体随后排出气缸，在接触到近千摄氏度的排气系统时混合气体被引燃，产生的压力足够推动涡轮叶片高速运转，基本就消除了涡轮迟滞。

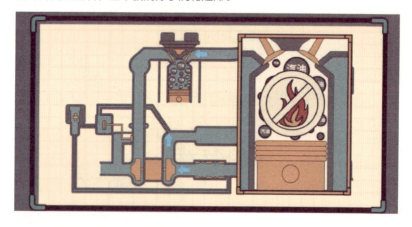

家用汽车一般采用小涡轮增压器，它在发动机1000多转/分时就会发力，并且非常平顺。

可是再小的涡轮也多少有点迟滞。因此，有些单涡轮发动机加上了双涡管，简单地说就是有2个废气通道，让4个气缸的排气互不干扰，从而发挥涡轮的最大威力。

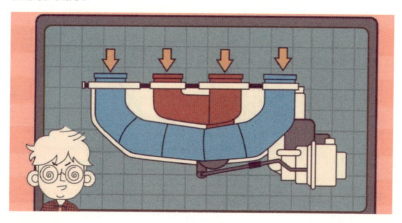

还有一种由电动机驱动的电子涡轮增压器,230毫秒就能达到其最大转速的90%,绝不拖泥带水。

但大功率电子设备需依附48伏特电气系统,因此汽车厂商尚未全面采用。

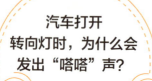

汽车打开转向灯时,为什么会发出"嗒嗒"声?

转向灯能够告诉其他驾驶员自己下一步的行驶方向,可在没有转向灯的年代,驾驶员是怎样进行转向提示的呢?还有,不论豪华车还是家用车,为什么打开转向灯时都会发出"嗒嗒"声?下面就说说转向灯的发展史。

上图中的动作不安全还费力,于是有人就发明了机械手形标识牌作为替代。

1907年 珀西·道格拉斯-汉密尔顿发明

1914年,美国一位女明星跨界发明了更简易的转向提示器,通过车内按钮控制装在后保险杠上的旗子;她还顺便发明了制动提醒,当驾驶员踩制动踏板时,一个写着"STOP"的牌子就会从后保险杠上立起来。

之后也陆续出现了几种转向灯,但都没流行起来。有一种装在风窗玻璃上的转向箭头,但后车能看见吗?

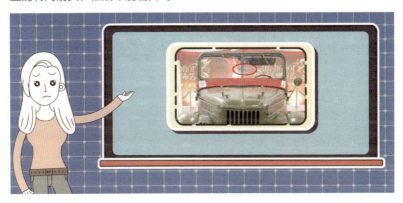

现代转向灯的雏形,是一种有灯泡、可以藏起来的提示杆,通过机械或气动驱动。

不过,这种提示杆因为反复弹出、收回很容易损坏,不如直接固定在车身上。

转向灯雏形

1939年，别克推出了"闪电方向信号"，车尾部的信号灯能随着转向闪烁，亮灯和熄灯的时候还会发出"嗒嗒"的声音。

这种转向灯沿用了好几十年。

现在多数新车的转向灯都是由电子装置控制的，但仍会用音响模拟继电器发出"嗒嗒"声，主要是为了提醒驾驶员转向灯已打开。

视知车学院最后提醒大家，转向灯虽小，但直接关系到行车安全。并线、转弯不打灯，你这是不考虑别人的安全啊！

汽车外形越做越大，对你平时开车坐车有哪些好处？

随着汽车产品迭代，汽车的外形变得越来越大，各汽车厂商陆续开始使用大溜背、高腰线、宽车体等设计风格。这是为了迎合消费者的心理？还是技术和材料有所发展？下面聊聊为什么如今的汽车越来越大，以及这会对日常驾驶造成哪些影响。

如今，汽车的外形确实越来越大。现在的紧凑级车，轴距都能赶上10年前的中级车了。

数据也是这样表现的，比如第七代高尔夫比第四代长了106毫米，宽了64毫米。第六代Polo则比第五代更敦实。

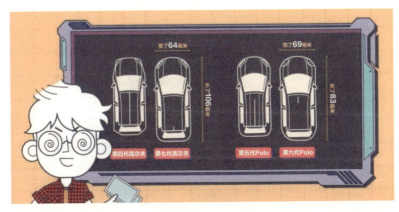

第一章 汽车科技 | 013

车身尺寸越来越大，主要是因为市场有需求——限购私家车的城市越来越多，二胎家庭越来越多，车小了怎么带一家人出门？民众收入提高、消费升级、汽车厂商紧跟消费流行趋势等因素也使汽车越来越大。

不过，一味地追求更大的车身尺寸，问题也随之而来。比如，第五代奥迪A6在国内加长了轴距，结果车顶曲率发生了改变，无法配置天窗。

而且，有些汽车只是外形看着变大了，但车内空间其实没什么变化，比如第六代迈腾。

另一方面，汽车厂商不断提升碰撞安全技术，使车身结构和长度更合理。一旦发生事故，在更大的车里，乘车人的生存概率相对更高。

除了消费者喜好和技术升级，车身加大还得考虑安全法规的推动。

以前在汽车出厂前，汽车厂商不用做侧面碰撞测试，而现在国家对于各种安全测试要求更为严格，因此汽车厂商就需要为车辆加固结构、配装防撞梁、加粗AB柱、留出缓冲空间，整车的车形因而也越来越饱满。

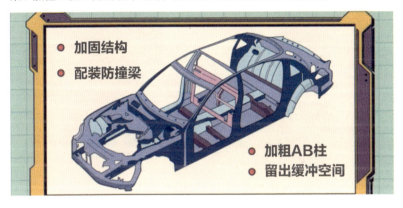

同时，为了保护行人，发动机舱盖的设计也有明显变化，比如降低保险杠的高度和硬度、减缓发动机舱盖前沿的坡度、降低发动机舱盖的强度等。

车辆尺寸变大的同时,加工技术也得以提升,因此汽车厂商在车身上能做出更深的线条和切面,把多余的部分藏起来。

宝马、英菲尼迪车身上的那些凹面设计,要的是动感和光影效果。还有各种"大溜背",不仅降低了风阻系数,还让车身看上去更舒展。

各汽车厂商都会宣传流线型、曲线车身。而只有车身变大了,设计师才有更大的发挥空间,才能多加点线条、图形或装饰。

但这种风格真的好看吗?并不一定。有些车的腰线太高,侧面就很死板,窗户也窄小,好像把衬衫塞进裤子里,裤子还提得特别高。

发生事故时，坐在车里哪个位置最安全？

一辆车安全不安全，不能只看车身覆盖件的厚度，也不能只通过事故照片来判断。发生事故时，最重要的是对乘车人的保护。那么问题来了，撞到哪个部位对乘车人伤害最小？乘车人坐在哪个位置相对安全些？下面就来说说车里哪个位置最安全。

光凭事故照片判断一辆车安全与否，是典型的以偏概全。车被撞成什么样，要看当时的速度、位置、撞击角度等。

而且发生事故时，最重要的还是对人的保护。我国和欧美国家的碰撞测试，都是以人的受伤风险为标准给车辆安全打分的。

"那车里哪个位置安全呢？"

整车对人员保护最好的是正前方，因为在车前有很长的吸能溃缩区，而且前排乘客有多方向安全气囊的保护。

在各种碰撞测试中，正前方的测试项目最多、最严格。为了在测试中取得好成绩，汽车厂商也会尽力把车前方做得更安全些。

车尾部其实也还好。车体内部有两根贯穿的纵梁,行李舱也可以吸能,发生事故时能起到一定的缓冲作用。

但七座车的第三排除外。

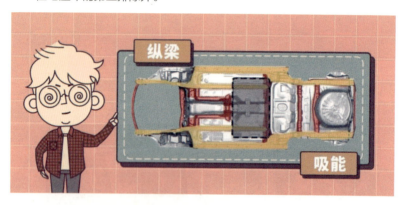

一辆车安全保障最弱的地方是侧面,因为车门基本没有吸能区域,所以车身侧面用料的强度是最大的,以尽可能保护车内乘员。

所以,一辆车如果侧面发生碰撞,修起来就会很难。哪怕修好了,也无法还原到事故之前的状态,更别提卖二手车了。

以上所说的是理想状态，也就是以合法速度行车时发生事故，车内人员基本还有生存的可能性。若是撞上大货车，则只能自求多福了——你追尾货车，瞬间变"敞篷"；货车追尾你，三厢变一厢；被货车"拦腰"撞上，后果不堪设想。就算大货车驾驶员技术好，来个极速并线，你还得祈祷它千万别侧翻。

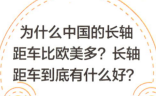

为什么中国的长轴距车比欧美多?长轴距车到底有什么好?

同一款车,升级成"L"版就要贵好几万元,为什么长轴距比标准轴距卖得贵?改成长轴距,技术难度大不大?加长车到底有什么好?下面说说长轴距和标准轴距的秘密。

"我问你们啊,这个宝马320'李'为啥比320i贵两万多块?"
"姐姐,人家那叫320Li,是加长版的意思。"
"不就是长一点吗,至于贵这么多?"

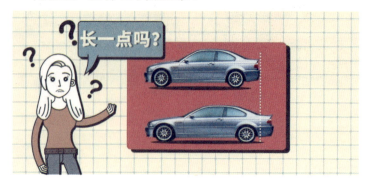

这是拉长轴距,可不是"拍扁拉长"那么简单。

车身长不只看上去更气派,坐在里边也更舒适。为此,各汽车厂商会把轴距再拉长一些,让乘客能在后排坐得舒服些。

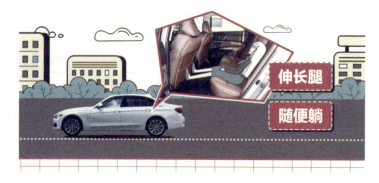

但拉长轴距会影响整车比例，车辆的重心、空气动力学性能等都随之变化，所以拉长轴距和重新设计差不多。

在车间里，既然尺寸和零件数变了，模具、检具也要跟着更新，焊接机器人要重新定位焊点。从车身、造型、内饰到动力、底盘、转向、悬架……整条生产线几乎就是从零开始。

长轴距车变化较大的是后半部分。宝马3系长轴距版的后窗有个形似字母Z的镀铬装饰，奔驰C级长轴距版的C柱上有个匕首状的装饰，这些都是因为拉长轴距导致C柱变宽，设计师后期加上去的，以使车身各部分看起来更为和谐。

另外，因为天窗中间要加一根横梁，所以一些加长车不能装整块全景天窗；还有些长轴距车会加宽前后梁，以保证车辆的刚性。

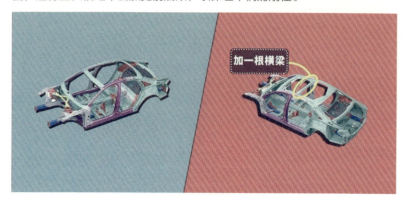

"假如材料、结构不做调整，直接拉长会怎么样？"

"你想想，让你的骨骼不变、身高增加10厘米……不是脚底下长肉就是头顶长肉，没啥用。"

长轴距车的轴距长，看着高档、车内空间大，但有人说开起来不如标准轴距车灵活——其实日常驾驶感觉不出什么差别。

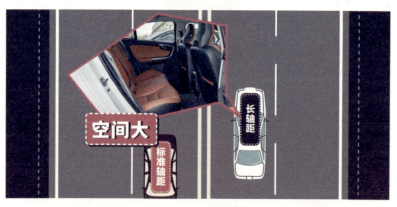

买哪种轴距，看预算就行了。

新手驾驶员必懂：ABS 到底是什么？

制动踏板踩到底，轮胎抱死打滑怎么办？

现在的汽车出厂就要强制标配ABS，那ABS又是什么？

新手驾驶员不太会点踩制动踏板，碰到危险怎么办？

下面来看看ABS是怎么工作的。

在路上开车，难免会遇到点紧急情况。一着急猛踩制动踏板，最怕遇到轮胎打滑。

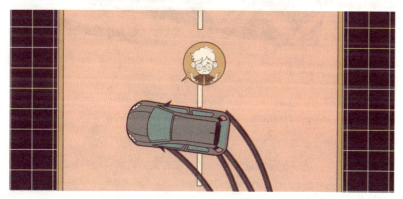

一旦轮胎打滑，轮胎的滚动摩擦就变成了滑动摩擦，车轮直接抱死。不仅车停不住，转向也不起作用，撞到哪或在哪停下都只能听天由命。

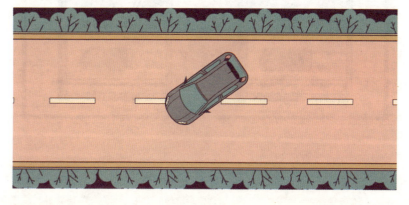

遇到这种情况，有经验的驾驶员不会把制动踏板踩到底，而是会快速地点踩制动踏板。

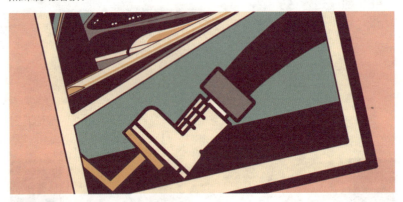

点踩制动踏板时，轮胎在每次与地面的作用力变为滑动摩擦前，都会重新刷新与地面的摩擦力，如此一来，轮胎就不容易打滑，车轮也不会抱死。

退一步讲，就算轮胎突破了抓地力，车轮开始打滑，松开制动踏板的同时，摩擦力也就刷新了，再踩下去，又是滚动摩擦。

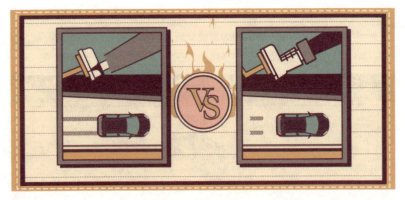

那这跟ABS有什么关系呢？事实上，点踩制动踏板在多数情况下是很有用的保命技能，但新手驾驶员不一定会，越停不住车越使劲踩制动踏板，这时候就轮到ABS出场了。

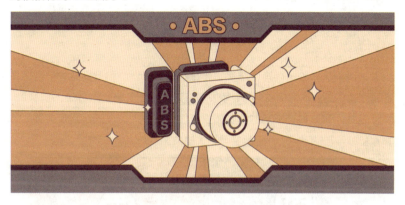

通过实时监测实际车速和每个车轮的转速，ABS会判断车轮是否出现抱死、打滑现象，只要发现异常，ABS就会开始自动执行点踩，技术可比经验丰富的驾驶员还要好！

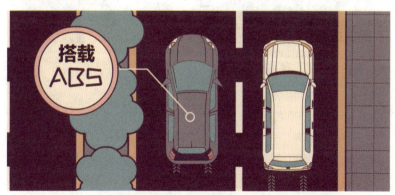

不过视知车学院提醒大家：ABS也不是万能的。路况特别不好的时候，ABS也无能为力；路况特别好，ABS可能反而会增加制动距离。所以说，技术不能解决所有问题，关键还是要安全驾驶。

第一章 汽车科技 | 025

听关车门的声音就能判断汽车的质量和安全性？到底是不是在吹牛？

听关车门的声音可以判断汽车的质量和安全性？不同的车关门声不同，带给人的安全感也就不一样！很多驾驶员使劲一关车门就知道这车"行不行"，这是不是在吹牛？

"听听这车的关门声，结实、厚重，充满设计感和沧桑感，一定是来自德国鲁尔工业区的优质钢材，散发着浓浓的欧洲气息。"

听关门声就能判断车的质量和安全性？好多人买车时都喜欢通过关门声来验证自己的观点——这其实是盲人摸象。

影响车门关门声的主要因素是汽车的隔音棉、密封条和车门锁扣的设计。

厂家一般会在车门里安装隔音棉、减振胶等填充物用来降噪、隔音。

密封性好的车，关门声就厚重些，有的厂商还会用双层密封条来加强这种效果；一些低价车，车门几乎没什么隔音棉，关门声就没那么厚重。

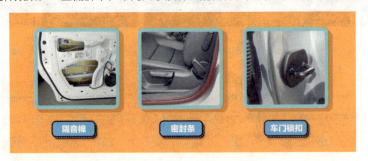

还有，关门时两个锁扣契合得越紧密，关门的声音就越具质感。

但是如果在B柱的锁扣上缠了一点黑胶布，声音效果其实也挺唬人的。

那关门手感指的是什么？

有些人认为，车门重的话，即使是轻轻关上，惯性也能让关门声是"砰"的一声，听着就有质感。

其实现在的汽车讲究轻量化，听着"重"并不能说明车门真的重，惯性其实与限位器、铰链设计有关。

因为很多人都喜欢厚重的关门声，所以很多汽车厂家就会通过各种技术手段来让关门声听起来更高级。

关门声能反映出车企的用料和做工水平，但判断不了其安全性。

车门的防护取决于材料、结构和防撞梁的设计，整车的安全性又取决于车身结构、材料强度和碰撞缓冲设计。

 用关门声判断汽车的安全性并不可靠。

经验丰富的驾驶员常说的"底盘大梁",到底是什么?

早期的汽车都使用非承载式车身,很多经验丰富的驾驶员都认为非承载车身才是硬派的代表。但现在大部分汽车都使用了承载式车身。

"上礼拜坐了一次老同学的奔驰G Class越野车,那个车从外边看起来高大威猛,可坐进去空间也不是很大啊。"

"因为它的车底有大梁嘛。"

"什么大梁?"

"就是老28的那种大梁!"

汽车的车身结构分为承载式和非承载式两种。

一般人能接触到的非承载式车身很少,除非你有辆货车或者是专业越野车。

非承载式车身的最底部有个梯形或矩形的刚性车架,俗称"底盘大梁",发动机、变速器、悬架都装在上面。

发动机、变速器、悬架齐了,就算不加上车壳子,开起来也是没问题的。

早期的汽车几乎都是非承载式车身，从货车到跑车，底盘都差不多。

非承载式车身强度高、够结实，用在货车和专业越野车上，入坑、出坑也不会变形。

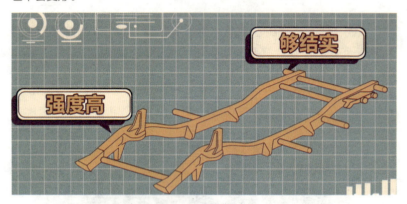

而且在坑洼道路上，汽车的"大梁"能吸收不少振动和冲击，人坐在车里稳稳当当。

可惜车架太重，用料多、成本高，加上车身"放"在车架上，导致车内地板也很高，内部空间就受到限制，以至于操控不太灵活。

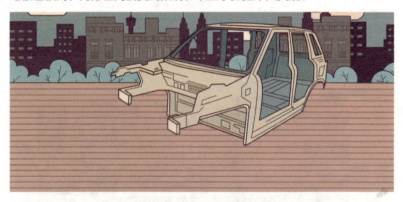

随着技术发展，那些不用爬坡过坎的车型，厂家开始抽掉其"底盘大梁"，把车身做成一个整体结构。

于是诞生了如今最普遍的承载式车身，重量轻，结构简单，其他部件都与车身连接紧密。

所以，重量大、成本高、操控也不好的非承载式车身运用得越来越少，只有那些追求极致越野性能的硬派越野车和载重大的货车还保留着"底盘大梁"。

承载式车身没有"大梁",安全性靠得住吗?

承载式车身没有"大梁",部件都安装在车身结构件上,这种车的安全性可靠吗?不用担心,结构件采用的设计方案和多种钢材已经充分考虑了行驶安全性。那究竟怎样区分承载式和非承载式车身呢?

承载式车身上的部件大致分为两种:结构件和车身覆盖件。

结构件,就是分布于车身各处,形成车身框架的高强度钢梁。在承载式车身上,汽车的三大件不再固定在"大梁"上,而是固定在这些钢梁组成的金属结构上。

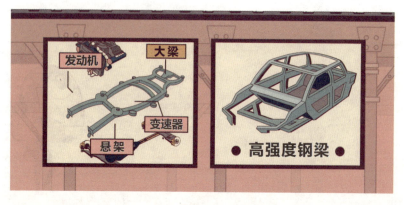

去掉"大梁",车身框架的其他部分都加强了,乘坐空间加大,舒适性也就相应提高了。

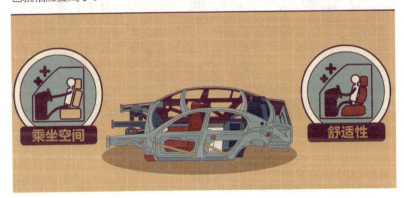

同时,为了抵抗冲击,结构件的钢板会选用多种强度的钢材焊接到一起,形成溃缩吸能区和乘坐安全区。

在轻量化设计的原则下,车辆的不同部位被设计成不同的形状,用以承受特定方向的冲击力,保证乘车人的安全。

至于覆盖件,就是指覆盖在车身表面的一层薄薄的金属板,遮风挡雨自然不在话下,但"安全事务"不归它管。

一些经验丰富的驾驶员常说钢板薄厚,说的就是车身覆盖件。但用它来判断一辆车安全与否实在是离谱,因为它的薄厚顶多只能影响到剐蹭后的车辆外观。

看一辆车是否足够安全,不能光敲覆盖件,还得查查它的车身结构、防撞设计。要想更省事一点,看看它的碰撞测试成绩就行了。

为什么上至百万元下至 5 万元的电动车，都只有一个前进档？

变速器档位数在一定程度上代表了车辆的技术，但不管售价是何种级别的电动车，目前市面上的所有电动车全都只有一个前进档，这是为了降低成本还是出于别的原因？

"汽车变速器是不是档位越多越高级？为什么电动车前进只有一个档位？"

"传统汽车需要三大件，电动车只需要两大件，所以这么多企业才一窝蜂地研发电动车！"

"厂家这样做不是为了省钱，是因为纯电动车不需要变速。"

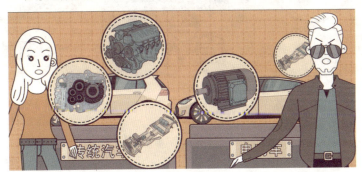

要想知道变速器是干什么用的，先要了解发动机。

视知车学院之前科普过，燃油发动机正常工作的转速范围很窄，只有 1500~5000 转/分。

转速太低没动力，太高了不仅动力下降，振动、噪声、油耗还都上去了。

变速器的内部有好多齿轮，每个档位对应一个齿比。

齿比，你可以理解成发动机的转矩经过变速器之后被放大了多少倍。

假如一台发动机的最大转矩是200牛·米，经过这样一台变速器"增矩"，每个档位传递的转矩都会不同程度地增大。

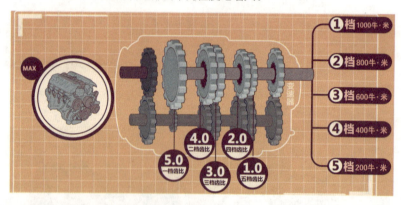

变速器一边"增矩"，一边给发动机"降速"，才能让汽车正常运转。

假如燃油发动机只有一个固定档，一档起步没问题，可车速最快只能到40千米/时；二档能勉强起步，极速高一点；只用三档，转矩太小，直接熄火。

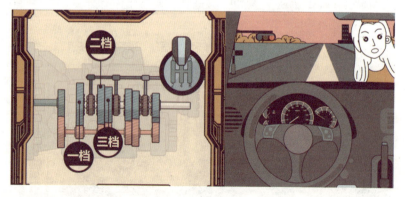

所以，燃油发动机必须搭配有好几个档的变速器，才能低速起步、高速行驶。

厂商除了爱比拼发动机技术，也爱攀比变速器档位数，新车六档算及格，八九档常见，十档也不稀奇了。

再看电动机，它的工作范围广，从低转速开始就爆发最大转矩，低速、高速、加速都没问题，所以纯电动车可以一档走天下，不过现在车企也开始研究纯电动车的多档变速器了。

变速器只需管好前进、停车和倒车，不需要转换传动比，不需要那么多档位，结构也就简单多了。

对一般车主来说，
电动汽车和燃油汽车
哪个更值得买？

全世界都在研究的电动汽车可能更省钱、更环保，而且看起来和燃油车好像没啥区别，都是四个轮子一个车厢，除了不去加油站没有排气管之外，纯电动车和燃油汽车都有什么不一样？下面就来说说。

电动汽车和燃油汽车，一个靠电动机驱动，一个靠内燃机驱动，除此之外还有什么不同？

电动汽车的主要结构见下图。

因为电动汽车没有内燃机，电池的摆放位置又灵活，所以整车重心比燃油车更低，配重更均衡。

电动机转动不需要空气，电池散热主要靠散热系统，所以电动车所需进气面积小，车头造型设计发挥空间大，可以做得很封闭。

燃油汽车的发动机作功和冷却都需要空气，因此燃油汽车都会有前进气格栅。

电动汽车的冷却系统需要着重考虑电池散热和加热，目前主流的办法是在电池组中装管道，冷却液在管道中流动，带走电池产生的热量。

除了进气格栅散热，燃油汽车的散热还主要靠水泵带动冷却液循环，而后散热器将热量散发到空气中。

在空间方面，电动汽车没有排气管和前后传动半轴，只需要排列好电池组就能得到一个平整的底盘，内部空间也容易做得宽敞些。

但是燃油汽车有油箱、发动机、传动系统、排气系统等，会占据底盘内部大量空间。

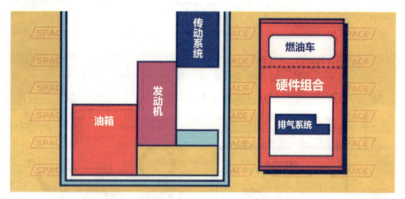

电动机动力输出范围广，不需要变速器，具有固定减速比的减速器就能够实现速度控制。目前多数电动汽车采用最多两个档位的简单变速器。但是燃油汽车的发动机可调速范围较窄，必须借助变速器才能实现低速起步、高速行驶，而变速器就使车内空间进一步受限。

并且，电动汽车的仪表盘上面只有速度表、电量表和功率表；而燃油车的仪表盘上有速度表、油表、冷却液温度表和转速表等。

总而言之，电动汽车比燃油汽车结构更简单，成本也更容易降低。只要电池技术有所突破，电动汽车的普及一定更容易实现。

买车非要买高配？
看看哪些配置更有用！

同样的钱，买鸡头还是买凤尾，从来都是一个备受争议的话题。事实上，每个人的用车需求不一样，鸡头凤尾各有所爱、不必强求，配置可真不是多多益善。

汽车配置到底该怎么选？现在就来告诉你。

车的配置高低有别可不是现在才有的，而是早已有之。比如在古代，一般人的马车都是"非承载式全木框架车身""整体桥非独立悬架""人肉GPS（全球定位系统）"；但是皇帝的龙辇就可以选装"通信包"和"车内空调"。

所以，现代人买车想要配置高点，那完全都是从老祖宗那里继承来的光荣传统。光秃秃的方向盘，光秃秃的中控台，摸一下到处是塑料，自己开肯定不舒服。

我们平时说的配置是指狭义的舒适性配置，通常包括天窗、真皮座椅、座椅电动调节、导航、LED车灯、分区空调等。

此外还有安全配置，包括安全气囊、气帘、胎压监测、发动机防盗；以及驾驶辅助配置，比如前后倒车雷达、倒车影像、制动防抱死系统、制动力分配系统、制动辅助系统、牵引力控制系统、陡坡缓降系统、自动驻车系统、可变悬架系统。

这三种配置有时也会互相"客串"，比如制动力分配系统和可变悬架系统，虽然都属于驾驶辅助配置，但是一个能提高驾驶的安全性，另一个能提高舒适性。

配置多固然好，只是都要用钱来换。对于车主最悲伤的事是什么？不是在你最需要某项配置的时候却发现没买，而是你花钱买了一堆配置，但是从来没用得上。据调查，有那么几种配置特别不常用。比如，加热座椅，夏天肯定用不上，冬天……好像也没几天座椅会冷到坐不下去；至于驾驶模式选择，天天堵在三环上的你，要赛道模式有什么用？车载电视？家里的电视你都不看了，还会去车上看电视？

有些配置是用不着，有些配置是不敢用。比如自适应巡航和自动泊车，虽然宣传得挺好，但是我相信更多的人觉得还是把自己的性命交给自己的眼和脚更放心。至于遥控驾驶，这功能千万不能让小孩知道。

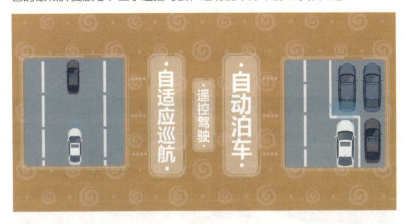

还有一些配置，真的很烦！比如堵车的时候，盲区监测系统会不停地闪，自动启停系统会不停地抖。至于语音控制——希望你说话口音不重吧！

但是肯定有人说，我就喜欢高配，不管有没有用！可是，配置多不仅意味着多花钱，还意味着车子整体出问题的概率高，不管什么档次的车都一样！比如百万元级豪车才有的空气悬架，平时能屈能伸、能软能硬，但是不知道有多少越野车因为悬架漏气只能趴在西藏等着被拖回来；比如几十万元MPV上的电动侧滑门，被强行关几次，说不定就再也关不上了；就算几万元钱车上都有的天窗，虽然看起来高端，但它不仅会侵占你的头部空间，说不定还会时不时地在你头上洒点水。

那配置该怎么选？一句话，只选对的，不选贵的。不抽烟、不看星星的人，天窗对你没什么用；天天只在城市里转悠的朋友，四驱你都用不上，更别说中央差速锁这种高级配置了；生活在祖国最南方几个省的朋友们，选配座椅加热对你们来说就是浪费钱。千言万语汇成一句话，适合自己的才是最好的。

汽车座椅选不好，不仅腰痛脖子痛，还可能要命！

在选车过程中，安全性和舒适性是车主考虑的关键因素，尤其一款舒适的座椅是驾驶员和乘坐者的刚需。但车开久了，不少人还是会感到腰酸脖子痛。那么，汽车座椅和普通椅子有什么区别？如何挑选一款合适的汽车座椅？下面就和你说说关于汽车座椅设计的事。

"我考考你们啊，一辆车上哪个零件最贵？"
"当然是三大件了！发动机和变速器废了，还不如换新车。"
"在它们之后呢？"
"是车架吧？"
"错！告诉你，汽车座椅很贵的。"

曾经流传过一种说法：汽车就是沙发上安四个轮子。

其实，汽车座椅可比沙发高级多了。一款优秀的汽车座椅，不仅要让你长时间开车不累，还能在车辆碰撞时保护你，所以座椅设计和制造是车企的难题。

车企在设计汽车座椅时，首先要考虑驾驶员和乘坐者的姿势：驾驶越野车时的坐姿更直，位置更高；而驾驶轿车的坐姿就低很多，还有点后仰；至于赛车的驾驶员，恨不得躺在里边开。

确定了坐姿，车企才能根据人体的H点来调整汽车座椅的造型、位置、薄厚、角度……

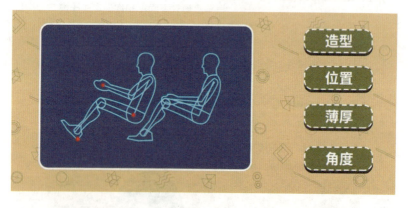

"人体H点？"

就是人体躯干和大腿相连接的旋转点，也称为胯点。一款舒服的座椅，要考察乘员的个人数据，但每个人的高矮胖瘦都不一样，所以只能以人体百分比模板做参考。也就是说，这个座椅适合百分之多少的人正常乘坐。

"有什么难的,座椅不是前后左右都能调吗?"

开车时后仰坐着,既要让驾驶员能够到中控台上的所有按键,还要保证其能全力踩下加速踏板和制动踏板;快速打方向盘时,还不能让双手被阻碍。

汽车座椅的坐垫多长、靠垫多宽、头枕放哪儿,每个人的感受都不一样,还得在身高范围内做出合理的调节区间,以适应大多数人的需求。

而且,只有座椅确定了,方向盘、中控、车门、踏板这些零件的位置才能确定。

"可我开车久了,还是腰酸背痛的!"
"可能是你身材不行……"

黑色车最容易出车祸？买车选什么颜色比较好？

关于车身颜色对于行驶安全的问题：有人说白色安全，黑色爱出事。那汽车颜色真的会影响行车安全吗？下面告诉你答案。

选中了爱车，谈好了价格，别人可能会跟你说："白色的车安全，黑色的车爱出事。"

那汽车颜色真的会影响行车安全吗？

视知车学院翻了国内外不少资料后发现，晴天时，亮色系的车安全系数较高（尤其黄色和白色），因为显眼；而深色系（比如黑色、绿色、蓝色）不醒目，相对更容易发生事故。

所以，校车、工程救险车、消防车、救护车等大多选用显眼的黄色、橙色、红色或白色。

而电影里的超级英雄、特工们则清一色开黑车，一来显得酷，二来没那么引人注目，方便夜间行动。

下雨天更需要能刺激视觉、让人警惕的色彩：不管小雨还是中雨，红车都比白车和黑车更容易被发现。

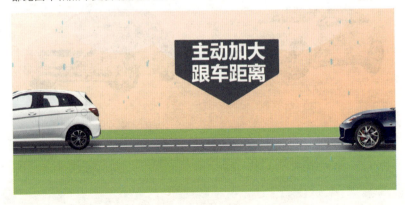

但雨太大的话，什么颜色的车都差不多，还是谨慎驾驶最安全。

从视觉上说，白车、红车鲜艳清晰，会让后车觉得距离近，从而主动加大跟车距离。黑色、蓝色则相反。

这是因为颜色有膨胀性，你穿纯白的衣服，是不是显得更胖？黑色、蓝色就显得瘦，能稍微藏一藏赘肉。

当然，颜色只是影响行车安全的因素之一，视知车学院提醒各位，颜色还关系到保值率，厂家主打的颜色，二手车的价格往往高一点。

另外，如果车买到手后悔了，想换个拉风的颜色，则需要车主到车管所申请。

为什么买车一定要有 ESP？因为关键时刻它能帮你保命！

拐弯失控，控制得好叫漂移，控制得不好就是事故！但是有了ESP，不仅事故率会大幅降低，连漂移也没了。

之前院长讲过几个安全配置，ABS、EBD只管制动，TCS（牵引力控制系统）只管加速，但下面介绍的ESP可啥都管。

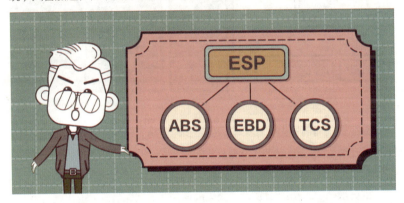

ESP（Electronic Stability Program，车身电子稳定系统），集成了主动安全系统的大部分功能。

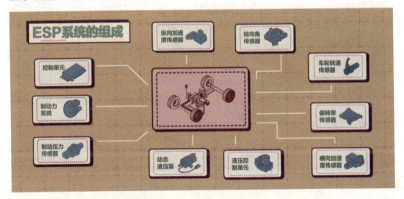

你开车时，ESP就在监控汽车的运行，就像是陪练，可以帮你控制车的纵向和横向的稳定。通过计算方向盘角度和4个车轮的转速，ESP能判断出你想往哪儿开，再通过各传感器计算出车辆实际的行驶方向。一旦两个结果不一致，无论转向过度还是不足，它都会把车纠正到你想去的那个方向。

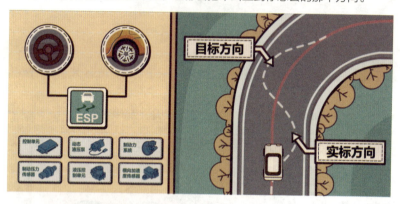

除了在拐弯时发力，如果车辆在起步时打滑，ESP也能帮你走直线；如果车辆在制动时打滑，ESP还能重新分配制动力。

总之，ESP就是让你稳！

别信那些"ESP没用"的话，美国高速公路安全保险协会统计：

ESP能减少43%的致命性交通事故，所以在很多欧美国家，法律规定车辆出厂时必须配备ESP。

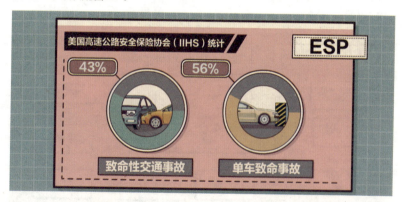

如果你发现爱车没有ESP，先别担心，因为各个汽车公司对其有不同的叫法，结构和功能都差不多，统称为"ESC"。

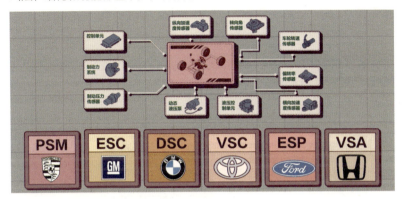

这套设备虽然听起来功能复杂，但是硬件成本并不高，在ABS的基础上再加千元而已，成本主要高在调试和匹配上。所以，有的车型全系不配备ESP，还有的车型高配有低配无，这都是为了节省成本。

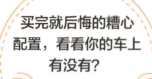

买完就后悔的糟心配置，看看你的车上有没有？

买车时为了使用方便，大多数车主都会对车辆的配置高低考察一番，一些听上去很高档的功能，比如自动前照灯清洗、自动尾门等，全都选上！这些配置用的时候舒心，坏了就糟心。买车时，哪些配置需要慎重选择？下面就来和你说说汽车的富贵病。

"说书唱戏劝人方，路上堵车别心慌。买车用车哪儿不懂，车学院帮您解决。下面说说汽车的富贵病。"

"行，我懂了。不就是那些华而不实、修起来还特糟心的配置吗？"

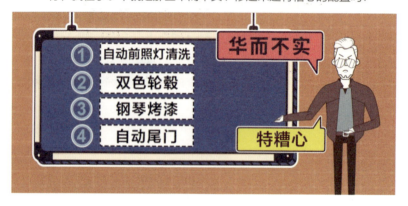

有些高级车带前照灯清洗装置，就是前照灯底下有个出水口，能清洗灯罩上的灰尘泥垢。

可你平时不越野、不郊游，洗车都靠下雨，这东西就是个摆设。但坏了想修，就得拆掉整条保险杠，要是把水槽弄漏了就更麻烦。

银黑双色轮毂绝对吸睛，但千万别剐蹭。普通轮毂好修好换，但双色轮毂就得找原厂件。那种无喷漆铝合金抛光轮毂更麻烦，受点儿伤就"破相"了。

伤痕不深可以打磨处理，可那样就伤了轮毂，只能加动平衡块，还会对轮胎造成安全隐患。

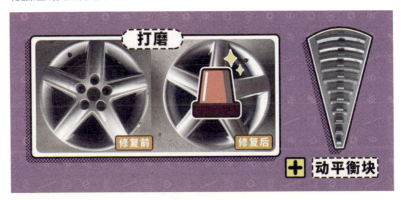

钢琴烤漆，听着就有艺术气息，反光能当镜子使。放到汽车内饰上，质感确实强。但缺点也很明显，刮花了太难看，摸一下就留指纹。

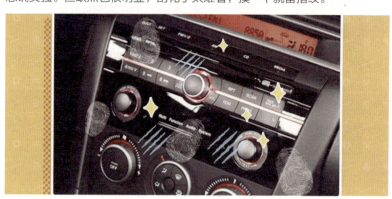

最后说说自动尾门——手里没空不用愁，伸脚一踢能解忧。虽然看着很高级，但识别率比语音控制还低，下雨天、车尾有泥，任凭你踢，绝对不开。

别人看着，还以为你在车后边儿跳舞呢！

全真皮内饰是真的吗？两分钟告诉你塑料如何做出真皮效果

"我发现，一辆车豪不豪华，内饰更重要。中控台摸着硬邦邦的肯定是廉价塑料，软真皮才上档次。"

不过，摸着软的材料不一定是真皮。许多经济车型会选用搪塑材料，它本质上还是塑料，但其中填充了泡沫，柔软的触感让人觉得挺高级。

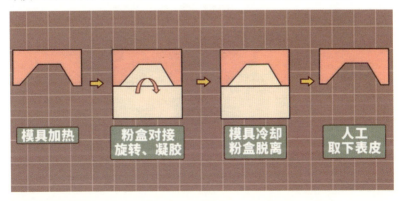

为了让内饰看着不廉价,在按键、变速杆、出风口、车门拉手这些地方,车厂还会加镀铬或者哑光金属。这就像当年的苹果4S手机和诺基亚直板手机,孰高孰低,高下立判。

说到高级,必须得提碳纤维,它不仅能降低车身重量,还能提高结构强度,但多数车厂也就舍得用它做个点缀。钢琴烤漆的质感也很好,可惜容易被刮花,还易留指纹,所以不太受欢迎。

早些年，只有豪车用真皮内饰，而现在真皮内饰就普遍多了。不过，要是一辆家用车说用的是真牛皮，你最好看看他是不是在"吹牛皮"。比如，不少运动车型上出现的Alcantara并不是真皮，而是一种人工合成材料，手感类似翻毛皮，耐用舒适。

至于什么Nappa、Dakota之类的材质，也不是真皮，但制作工艺比较复杂，因而价格也不便宜。还有些材料能模仿皮质纹路，让中控台看着像"真皮全覆盖"，但本质上还是硬塑料。不过效果不错，可能车主看了之后，内心就柔软了。

车辆内饰要想体现奢华复古,也可以做成实木质感。只要用树脂材质喷涂出大理石或者桃木纹的样子,摸上去就像真的,还不会变形、老化。

大理石内饰　　　　桃木纹内饰

现在,汽车的总体质量差距越来越小,真正让消费者觉得舒心的内饰更注重设计、纹理、色彩和工艺。

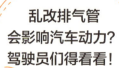

乱改排气管会影响汽车动力？驾驶员们得看看！

路上经常遇见这样的车，明明是家用车出身，改装之后排气声又吵又响。他们到底改装了什么部件？这样改装能提升车的动力吗？

下图是排气系统的结构。

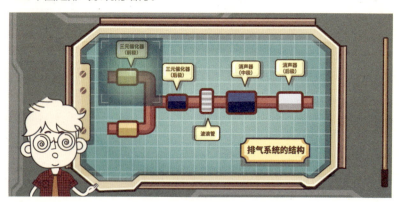

按位置分，排气系统的头段主要是三元催化器。它的内部是蜂窝状的陶瓷，表面有贵金属涂层，可以把尾气中的有害物质氧化还原成无害的二氧化碳、水和氮气等。

排气系统的中段和尾段主要是消声器,这部分管路弯曲,里边有很多隔声棉,能大幅降低排气噪声。经过调校,还能让它发出不同的声浪。

一些豪华车品牌就有专门的"调音"部门,能把汽车的排气声调得有特点还好听。

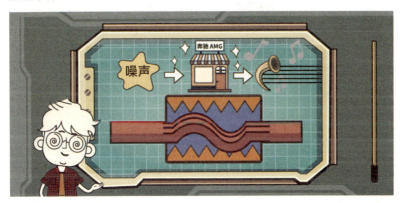

排气系统的零件、管道形状以及内壁摩擦力,都会对废气形成阻力。阻力越小,排气越通畅,这样动力损失就小,发动机高转速时动力会很强。但是,阻力小了,排气的回压就低,就会影响低转速时的动力。

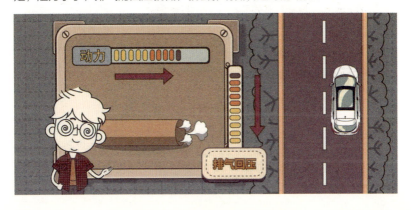

关于回压，要说明的是，发动机排气不是连续的，而是有间隔的。如果排气太顺畅，歧管处的气压就会比气缸里的气压低很多。这时打开排气门，气压差形成的吸力不仅会把废气带走，还会把从进气口进来的空气和燃油的混合物也一起带走。气缸里的油气混合物减少，动力自然就降低了。

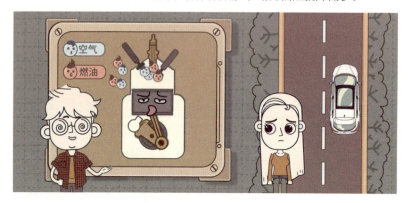

而发动机处于高转速时，排气间隔短，气缸内外的压力差不大，就不会吸走油气混合物。这时排气顺畅、动力损失小，还间接提高了发动机高转速时的动力。

所以，排气系统必须与动力匹配。

赛车的发动机转速高，直排更能提升性能。而家用车用低转速的时候多，盲目改装排气系统只会让转矩变小，没改过的同款车性能都要优于它。更重要的是，改装排气管是不合法的。

高胎压或低胎压，哪种引起爆胎的概率更高？

有些人认为汽车轮胎和气球一样，气越足越容易爆，甚至在夏天或者跑高速时还要刻意降低胎压。但这样就能防止爆胎吗？胎压过高和过低，哪个更容易引起爆胎？下面就来说说胎压与爆胎的关系。

"上次有人告诉我，在冬季轮胎就是比较软的。所以我洗车时顺便把轮胎放了点气，降低胎压，提高抓地力。"

"你要是长期在冰雪路面上开，这么做没问题。可咱是在北京啊，没这么多雪啊！"

"那胎压低点儿也安全吧，轮胎跟气球似的，气越足不就越容易爆吗？"

"胎压低才容易爆胎呢！"

爆胎的原因有很多，超速、超载、橡胶过度老化、人为破坏都有可能导致爆胎。

有人担心胎压高了危险，其实，轮胎能承受的极限比建议胎压高不少，就算夏天跑高速，也很难达到压力极限。

而胎压过低对轮胎造成的伤害更大。

因为这时轮胎与地面的接触面积变大,行驶时轮胎温度更高,会加速轮胎内帘布层的金属丝(帘线)变形。时间长了,轮胎结构发生损伤,绷不住就爆了。

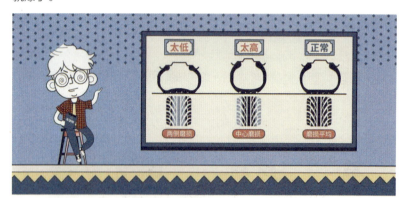

高温会加速轮胎老化,而金属丝断裂主要是由于轮胎过度变形导致。

胎压过低时,轮胎与地面接触的部分被压下去,其他部位是自然状态。汽车开动后,轮胎的各个部位都会因为受到无数次挤压而变形,就像徒手掰铁丝来回弯折,时间一长,里面的金属丝就断了。

所以，除了沙地、雪地等个别情况，保持标准胎压就能保障安全行车。

另外，提新车时建议您亲自查查胎压。厂家为了新车在库存时不损伤轮胎，出厂时会把胎压打高一点，所以新车的实际胎压是不太准的。

车主平时也应该养成经常检查胎压的习惯。

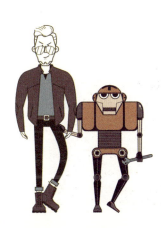

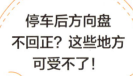

停车后方向盘不回正？这些地方可受不了！

作为一名经验丰富的驾驶员，转向打方向盘以后，都不会自己再费劲转回来，而是选择放手，这时方向盘可以自动回正。另外，在停车的时候，将方向盘回正对汽车也是一种必要的保护。为什么方向盘可以自动回正？假如停车时方向盘不回正，对汽车又有什么危害？下面就带大家好好上一堂物理课。

人们都知道汽车通过转动方向盘转向，却很少思考它的结构如何。轮胎并不是直接连着方向盘的，它的转动靠的是横拉杆和转向器。

当你转动方向盘时，齿轮带动齿条，齿条各齿端的横拉杆又连接在转向臂上，最终实现车轮转向。

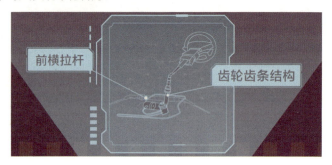

而方向盘能自动回正，与汽车的前悬架有关，主要是主销的后倾角和内倾角。汽车停在那儿，轮胎垂直于地面，但主销是斜向的，因此产生了向后和向内的两个倾角。

虽然很多独立悬架的汽车已经没有主销了，但仍用它来指代转向轮的回转轴线。

因为主销向后倾斜，它到地面的延长线在轮胎和地面接触点的前方。

轮胎是围绕主销转动的，转动后，轮胎受到来自地面的反向摩擦力，这个摩擦力的作用点和主销延长线有一段距离，因而形成一个旋转力矩，而这个力矩正好与轮胎的转动方向相反，所以成了轮胎自动回正的力。

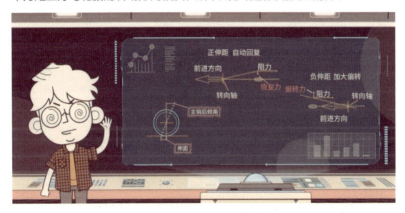

是不是不太懂？

想想超市的手推车，连着车轮的铁杆也是斜的，你推着车转弯，轮子也能自动回正。

一般主销后倾角越大,方向盘越容易回正,汽车走直线也越稳。但角度太大的话,转向会比较沉。而如果两个转向轮的后倾角不一样,汽车就会跑偏。

至于主销内倾角,你可以把两根主销想象成人的内八字腿。轮胎转弯时围绕主销转动,有一侧会稍微抬高一点,就像地球仪,同一个点在转动过程中并不在同一平面上。然后在汽车重力的作用下,就使转向轮产生了回正的力矩。

主销后倾角跟车速有关,而内倾角只受车重影响,所以高速行驶时,方向盘主要靠后倾角回正,低速行驶时则是内倾角起作用。

因为这两个角都能给车轮施加回正的力,这就要求你在停车时,方向盘一定要回正。

假如轮胎是偏的,车辆的转向和悬架系统就会持续受力,长时间这样拧着,零件老化加速,会出不少问题,比如跑偏、轮胎偏磨、车辆抖动。

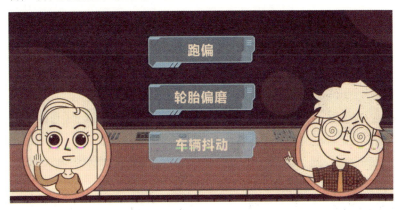

另外,方向盘不回正,胎面还没法完全着地,轮胎侧壁长时间受压,容易变形,说不定哪天就爆了。

自动启停必须关闭的几种情况，别让它毁了你的发动机

在国家节油环保的总体要求下，好多车企都给汽车配上了自动启停功能，据说能省不少油。但为什么不少有经验的驾驶员上车就把它关掉？频繁熄火起动伤不伤车？下面就来说说省油不省钱的自动启停功能。

有些汽车科技看起来挺先进，但总让车主们觉得不够成熟、不够好用，比如自动启停。这些年，很多车都配上了自动启停功能——踩下制动踏板，发动机熄火，松开制动踏板，发动机再次起动，减少了怠速时间，从而降低了油耗。

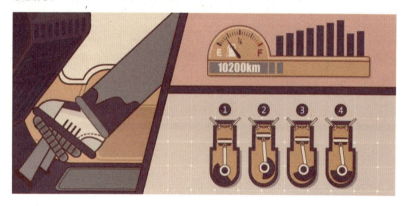

但很多车主心里都没底，这样反复熄火、起动，发动机会不会提前"退休"啊？

视知车学院郑重地回答：您多虑了。

自动起停主要靠起动机、蓄电池协作，零件经过特殊强化，起动机寿命是普通汽车的10倍以上。有些厂家还会针对自动起停，把发动机内部零件进行集体升级。

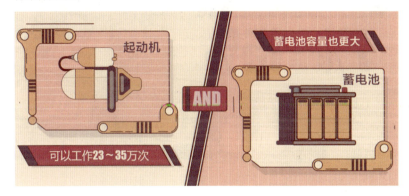

发动机80%的磨损都来自冷起动，因为这时候发动机内部没有机油；而自动起停时，发动机内部有机油，所以并不会产生磨损。

另外,自动启停功能可以做到越堵车越省油,每100千米最多能省六七元的油钱。

不过,这功能虽然省油,但不一定省钱,因为多安装一项配置就要多加钱,并且自动启停功能所需要搭配的蓄电池也更贵。

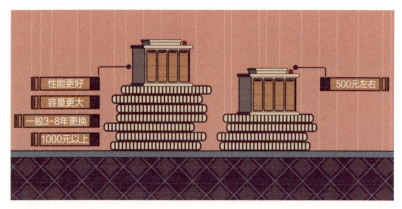

乙醇汽油动力差、油耗高？到底能不能用？

国家开始推广和使用乙醇汽油的消息一出，就引发了广泛讨论，乙醇汽油有哪些优、缺点？会不会像网上传言的那样动力差、油耗高还毁车？本节就来说说乙醇汽油到底会对您的车有哪些影响。

简单点说，E10乙醇汽油就是"在汽油中添加10%的生物燃料乙醇"，从而能够减少尾气中碳氢化合物以及PM2.5的排放量，改善空气质量。

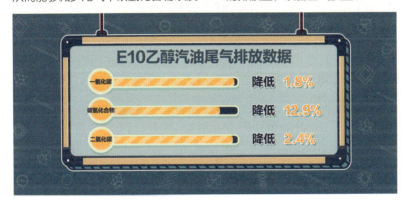

早在2001年，我国就在部分省市推广乙醇汽油，现在有11个省份在使用，占全国汽油总量的五分之一。

近些年，我国原油的对外依赖度越来越高，而乙醇属于可再生资源，原材料是高粱、玉米、薯类等粮食作物。它的普及有利于国家能源结构的调整。

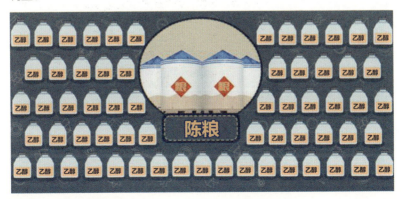

不过，不少人对乙醇汽油心存疑虑，很多车主觉得油耗会更高。理论上说，乙醇的热值只相当于汽油的60%。

热值

乙醇 26780kJ/kg

汽油 46000kJ/kg

不少机构和品牌也有类似结论，因此关于乙醇汽油的争议不绝于耳。

关于乙醇汽油油耗研究结果

美国石油协会：油耗上升 3%

美国环保局和美国汽车协会：油耗上升 3%~4%

丰田、福特发动机部门负责人：油耗上升 3%

在动力方面,乙醇汽油瞬间爆发的能量不如普通汽油。

但乙醇中的氧和辛烷值都比汽油高,如果针对它调整ECU(汽车电子控制单元),动力还能得到提升。因此,北美的性能车爱好者就喜欢高浓度的乙醇汽油。

另外，乙醇的清洁能力很强，能让新车的油路一直光洁如新。

可如果一辆"老爷车"突然换用乙醇汽油，反倒可能导致大块积炭脱落，造成油路堵塞。

乙醇还易吸水，如果加完油之后长时间不开车，那么遇上一场大雨时，油箱里可能会"兑水"。

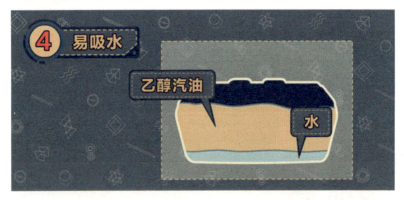

总体上说，乙醇汽油对发动机没什么损伤，也不太影响日常驾驶，否则就不会在许多国家被全面推广了。

视知车学院最后提醒您，换用之前，最好先给老车清洗一下油路。

如何快速顺利地通过汽车年检？

汽车要想正常上路，必须要贴年检合格证，但过了年检的车也可能出问题。本节就说说，汽车年检是怎么回事。

汽车不进行年检就不能上路，那年检到底有哪些项目，你知道吗？

第一项是查外观。车要洗干净，千万别"化妆美颜"，外形必须和行驶证上的一样。

轮胎规格要跟原厂一致，同轴轮胎磨损不要差太多。

三角警示牌不能少，灭火器没有强制规定，不过我们劝你最好还是备一个。除了以防万一，说不定还能救人一命呢！

检测员会把你的车开进检测场地，对灯光、制动、尾气进行检测。虽说这样对车损伤不大，但估计对你心情影响挺大。

灯光和制动"考试"不难,尾气排放才是难关。

车主如果怕尾气排放意外超标,就提前做下准备,比如清洗下节气门和喷油嘴等。如果真的超标,视知车学院劝你为了空气质量还是趁早换车吧。

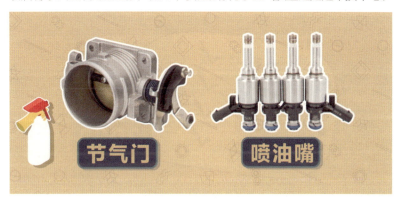

尾气检测时,检测员会原地把加速踏板踩到底,这可能会让动力系统温度过高。曾经有辆跑车就这样自燃了。不过别担心,你又没有跑车。

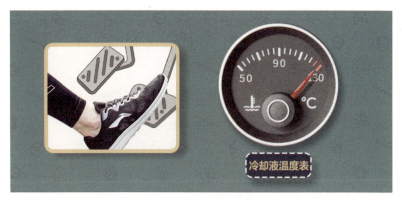

外观、灯光、制动、尾气排放这四项都合格，检测场才会发给你年检合格标志。

可是，就算通过年检，你的车也不一定安全，因为许多常见问题年检根本查不出来。

2014年9月1日之后注册的新车，6年内年检都不必去检测场。只要每两年带齐身份证、行驶本、交强险凭证、车船税纳税证明去申领年检合格标志就行。

不过，发生交通事故致人伤亡的车辆、7座及以上的车辆、面包车、营运车辆，还是要每年都去现场年检。

说到底，车辆年检不是帮你给爱车做全面问题筛查，而是一次基础"体检"。真想车况完全没问题，就要定期保养、专业维修，自己也要多看说明书，至少该弄清楚"三滤"都是什么吧？

新车磨合不好等于毁车，磨合期这么开车最靠谱

新车要不要磨合？有人认为现代制造工艺精良，完全不用；也有人认为磨合期转速不宜过高，要避免暴力驾驶；甚至有人认为暴力磨合（高转速、拉高速等）才能让发动机达到最佳状态。别听"江湖传说"，本节就为您解惑。

以前，时常能看见一辆慢悠悠的车，后窗贴着两个字：磨合。如今，汽车制造工艺大幅提高，广告里的新车都呼啸狂飙，新车还需不需要磨合？

视知车学院先告诉你：需要！

那么多零件组装在一起，水平再高也得互相配合，尤其这几个零件需要重点照顾。

发动机　变速器　制动　底盘

发动机最金贵，新车的活塞环和气缸壁接触面积较小、承载能力弱，突然负荷过高就容易造成表面撕裂或拉缸。

同时，发动机内部的零件需要充分热胀冷缩，使金属强度、形变和间隙趋于稳定。假如频繁短途行驶，发动机内部温度不均匀，机油就无法充分润滑。

除了发动机，最初几百千米也要照顾好制动、变速器和底盘。磨合期内车辆速度应控制在120千米/时以下，便于及时发现底盘部件的隐患。

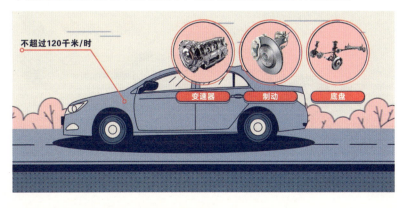

频繁紧急制动则可能让制动片磨损不均,日后易出现抖动、噪声等问题。

其实,多数汽车的说明书会提示磨合期和一些注意事项。通用原则是,温柔加速,切勿高速行驶。

磨合期内的发动机转速需要保持在良好的动力输出范围内,全动力加速则会触发自动档降档,导致转速突然提高。手动档的车同样忌讳低档高速,驾驶员需要勤换档。

另外，长时间怠速行驶、拥堵路段行驶和长途定速巡航也会令油膜承载能力下降、延长磨合期。

怠速行驶　　拥堵路段行驶　　长途定速巡航

最后，视知车学院提醒您，磨合需要细心、避免暴力。传说中的"拉高速"只会加剧发动机内部的磨损，底盘也没做好准备，开出去不太可靠。

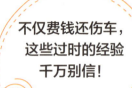

不仅费钱还伤车，这些过时的经验千万别信！

每位新手的身边总会有些经验丰富的驾驶员，但严格遵照他们的意见就没问题吗？汽车技术不断更新，很多经验丰富的驾驶员的言传身教已经过时了。本节就带你盘点一下那些过时的经验。

有哪些经验已经过时了？视知车学院这就带大家盘点一下。

首先是"空档滑行省油"。这招在早年间是管用的，因为空档滑行可以降低发动机转速，从而降低油耗。

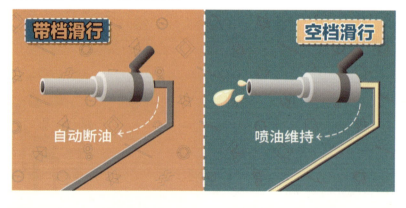

如今的手动档车已经不再适用"空档滑行省油",更不用说自动档,如果空档滑行,还会损害变速器。

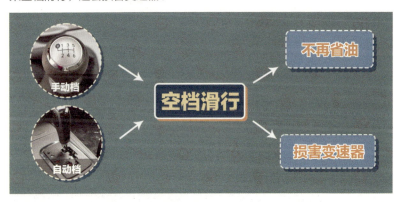

经验丰富的驾驶员还可能告诉过你,冬天开车,要先原地"热车"几分钟再走。这是因为以前的汽车都会使用化油器,冬季启动很费劲,加上机油质量差,怕熄火才会让汽车原地热车。

汽车发动机采用电喷技术之后，燃油控制更准、雾化能力更强、机油质量更好，即使冷起动也能快速稳定运转。若是现在还原地热车，只会增加油耗、污染环境，还可能给发动机增加积炭。

遇事紧急制动，许多驾驶员的经验是不要一脚踩到底，多动腿、点踩。这是因为从前的车好多没有ABS，制动踏板踩到底便无法控制转向，容易发生事故。

而如今，想找一辆不带ABS的车反而困难了。当你把制动踏板踩到底时，ABS能主动介入、形成点刹效果，机器的速度比你抖腿练出来的速度快多了。不过，在路面湿滑或冻冰时，点刹还是用得上的。

拖车不当反而毁坏变速器，这里告诉你正确的拖车方法

开车出门，但爱车半路罢工，你就只能叫拖车了。不过，拖车也分好几种，不仅费用不一样，还得看车的变速器和驱动形式。到底该选哪种？本节就和你说说拖车的那些事儿。

无论在城区还是郊外，不时能看到一辆故障车被拖车拖走。不同的拖车方式有什么区别？哪个才是正确的？

常见的拖车方式有三种：牵引拖车、托举拖车和平板拖车，费用一个比一个贵。究竟选哪种，不光看你的钱包，还要看你的车是哪种变速器以及用什么驱动系统。

咱们先从简单的说起。

所有手动档两驱车，三种拖车方式都可以用，挂空档、松开驻车制动器就行。

如果是自动档两驱车，就不能用牵引拖车，因为自动发动机不起动时，自动变速器无法得到润滑，快速、远距离拖车会让变速器温度过高、加剧磨损。

平板拖车最好。如果是托举拖车，一定要托举驱动轮。

四驱车最娇贵，不管手动档、自动档，只能用平板拖车，其他的都可能弄坏变速器或差速器。

嫌拖车费用太高？可以找免费的啊。

第一种来自商业保险公司，大型保险公司通常会赠送免费拖车服务。

第二种来自4S店，在质保期内发生故障需要拖车的，厂商或4S店都可以免费帮你。

还有车主类信用卡，一般每年有几次免费拖车服务，一些修理厂也有免费的短途拖车服务。

最后，视知车学院提醒您，为了避免纠纷，拖车之前最好拍照或录像，取车的第一时间也要检查外观、测试车况。

时速 120 千米就是 120 迈？你知道它们之间相差多少吗？

"速度70迈，心情是自由自在。"车速的正确叫法到底是迈还是码？其实这两种叫法都不对。下面就和你说说，那些你经常忽略的口误。

"今天早晨上班，路上异常顺，我一路100迈开到公司。"

"今天路有点滑，我不敢开太快，一路最快70码。"

不少驾驶员爱说"车速多少迈"。其实，"迈"是英文"mile"（英里）的音译，而1英里约为1.6千米。而且许多人还习惯省略后面的"每小时"。

你要是真开到"100迈"，就相当于每小时160千米，那可是严重超速！

这个码就用得更离谱了。码也是英制长度单位，1码约等于0.9米，你1小时开70码，相当于只开了60多米。

还有人吹牛说自己飙到150码，但这速度还不如婴儿爬呢！

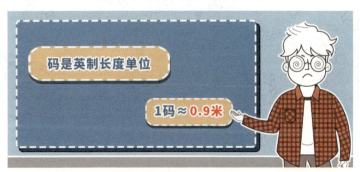

我国国产汽车时速表的单位标识都是"千米/时"。一些进口车，比如从美国进口的陆地巡洋舰，时速表的单位是"英里/时"，稍不留神就容易超速。

车学院在此提醒开进口车的车主们，一定要看好时速表是英制还是公制哦。

关于汽车有不少约定俗成的用语，比如好多人都读汽车格栅（shān），其实正确的读法是格栅（gé zhà）。

但"迈""码"本质上就是错误表达，车学院还是建议大家严谨一些。

资深驾驶员的用车秘诀！看懂汽车转速表省油又养车

虽然开车的人越来越多，但很多人对发动机转速表的作用并不了解。在自动档遍地的今天，关注转速表的人更是越来越少。但无论燃油汽车如何发展，看似没什么用处的转速表却仍然没有被淘汰。下面就来说说转速表到底有什么用。

"我朋友的奥拓只有一个车速表。为什么我的车上还有转速表？反正我开车时不看。"

"我20世纪开的车就有转速表了。有些车的转速表比车速表还显眼，这是为了让你更了解车辆的运行状况。"

先说启动。

四缸汽油发动机的转速一般达到80转/分就能保证启动成功，但为了保障启动质量，实际转速会达到120转/分。像六缸发动机这样的大家伙，转速必须要达到140转/分以上才能启动。没有转速表，出了问题都不知道。

发动机刚起动，转速往往能达到1200~1500转/分，天冷时会更高。因为转速太低会熄火，高一点才能尽快"热车"。

但冷起动时转速也不能太高，因为这时润滑油无法到达发动机上部，为了减少磨损，发动机处于2000转/分以内比较合适。等发动机工况稳定了，转速会降到800转/分。

同样，没有转速表，若起动初期有问题，也没法迅速排除。

这就是转速表的用处。如果发动机瞬间转速低于1200转/分，就可能是发动机出了问题，比如节气门积炭严重。

转速表还能提示手动档的换档时机，一般在发动机处于2500转/分左右时换档最顺畅且最省油，需要动力就在3000转/分以上换档。

因此，开车时也要留意发动机转速。转速太低（2000转/分以下）了不仅动力不足，还容易形成积炭。转速太高（4000转/分）了又费油，假如到了红线，还会对发动机造成永久性伤害。好在多数发动机都有限速功能，不会让你把家用车当赛车开。

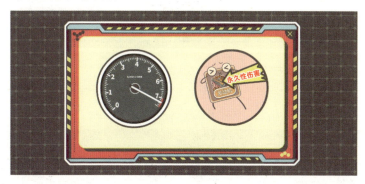

有些车怠速特别安静，粗心的车主很可能会忘了车还运转着，这种情况看看转速表就稳妥了。

总而言之，转速表就是用来监测发动机的工作状态的，从而能够让车主实时了解发动机的运转情况。对于资深驾驶员来说，听声、看表就能大致判断汽车哪里出了故障。

花20元和200元修补轮胎，效果有什么不一样？

平时上路开车，难免轧到石子、钉子导致轮胎被扎，可为什么简简单单贴个橡胶片就要好几十元？而且有时补一次胎，价格相差好几倍，是不是又花冤枉钱了？本节就来说说补胎到底应该怎么补。

"哎呀！车胎好像扎了！我怎么这么倒霉！换一条轮胎听说好几百呢！"

"没骑过自行车啊？轮胎扎得不严重，补一补接着用。"

"补胎？能补好吗？安全吗？去哪儿补？用什么补？多少钱？"

补胎一般有三种方法。

最简单的方法是贴片，就是在轮胎里边漏气的位置用橡胶片"打个补丁"，20~80元左右，性价比最高，补胎首选。

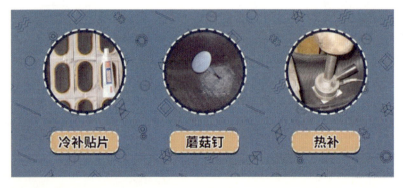

但"打补丁"并没有处理好轮胎的受损部位，贴片直接和雨水、灰尘接触，时间长了还容易漏气。于是就有了升级版的"蘑菇钉"，维修人员用杆状橡胶从轮胎内部的受损部位捅出来，橡胶扁平的部分用于填补受损处。

这样补胎比较严实，不容易二次漏气，但价格贵一点，具体要看受损处的大小和角度。

过去还有一种热补胎，效果很好。

先把轮胎受损处内部的气密层橡胶打磨掉，再贴上胶片，最后用热补工具把它们硫化在一起，非常紧密。

如果你经常自驾游，可以备一些外补胶条或补胎液，价钱便宜还不用换轮胎，可以一时应急，然后再找维修店补胎。

到店里补胎，要看看他们用的黏合剂。效果比较好的是常温硫化剂，它可以让轮胎橡胶和贴片产生硫化交联，效果类似热补。

但不管用哪种方法补胎，只要轮胎被拆卸过，就一定要做动平衡。但如果维修店让你做四轮定位，我们建议不用做。

换冬季胎是不是白花钱？它跟普通轮胎有什么不一样？

大雪纷飞的日子里，走在路上一不小心就会摔跤，这时会有人建议你换双鞋；而雪天开车出门，打滑和超长的制动距离让人战战兢兢，同样会有人建议你换冬季胎。那么冬季胎长什么样？什么时候该换？冬季过去了可不可以接着用？本节就讲讲冬季胎。

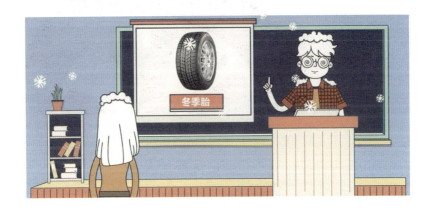

在积雪或结冰的路面上行驶，汽车容易打滑，制动距离也会相应增加。冬季胎就是为寒冷地区的车辆设计的，保证汽车在冰雪路面上仍有较好的操控和制动性能。

冬季胎和普通轮胎的区别主要在于胎胶材质和胎面花纹。

温度较低时，普通轮胎橡胶会变硬，导致抓地力大幅下降。冬季胎一般用特殊的软橡胶制成，在冰雪路面上也能保持较软的质地。

外观上的差别也很明显。冬季轮胎以细缝花纹为主，胎肩是方形的，所以和地面接触面积更大，更深更宽的沟槽加强了排水、排雪的能力。

"北方的车主们,是不是入冬就该给车换冬季胎啊?"

理论上说,7℃是普通轮胎橡胶硬度变化的临界点,低于7℃就可以换。但好多地方一年就下几天雪,也没有必要更换。

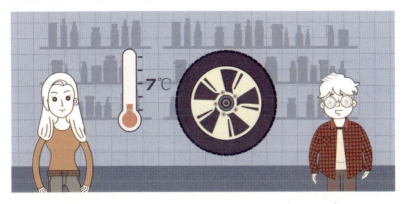

"如果我在东北生活,能不能一直用冬季胎?"

冬季胎软,跑不了特别快,平时用的话,制动距离和磨损都会增加,因此只适合冬天使用。

"我有个好主意,入冬了只把驱动轮换成冬季胎,能省一半的钱。"

假如只换驱动轮的轮胎,前驱车在高速转向时会出现转向不足,后驱车则会因为前边的普通轮胎抓地力不足而出现转向过度。前后胎抓地力都不一样,你敢开?

该加 95 号汽油却图便宜加 92 号的，对发动机损害有多大？

明明应该加95号汽油，却偶尔一次错加了92号的，导致车开起来不停地抖动……，这是怎么回事？发动机爆燃和汽油标号有什么关系？本节就来解析什么是发动机的爆燃问题。

汽油有不同的标号，数字越高确实代表油品越高级，但并不代表油品清洁度高，而是代表辛烷值高、抗爆性好。不同的发动机对汽油的要求也不一样，该加什么油看油箱盖就行。具体点说，发动机的压缩比决定了用哪种汽油。

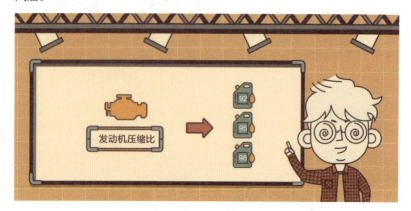

发动机的工作过程分为进气、压缩、做功、排气四个步骤，进气和做功结束时，活塞处于下止点，压缩和排气结束时则处于上止点。

假如活塞处于下止点时，气缸的容积为10，处于上止点时，被压缩混合物的体积为1，那么发动机压缩比就是10:1。

通常，排量相同的发动机，压缩比越高，动力和节油性越好。

另外，压缩比高意味着油气混合物承受的压力大，温度也相对更高。这时混合物更易于燃烧，因此需要抗爆性好的高标号汽油。

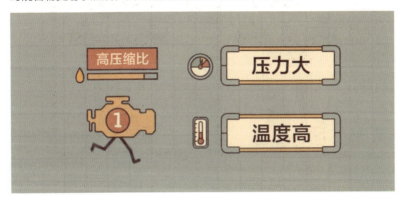

正常情况下，从点火到油气完全燃烧有四个过程。重点在速燃期，被点燃的油气混合火焰像扇面一样，以每秒30~80米的速度向四周扩散。

如果汽油标号过低、抗爆性差，在火焰正常扩散的过程中，油气混合物在高温高压下，就会提前燃烧、膨胀，在气缸内形成多个爆燃点。这就跟鞭炮四处乱窜似的，爆燃产生的振动不仅互相影响，还会把振动传递给气缸、活塞，严重的话，车也会跟着抖动。

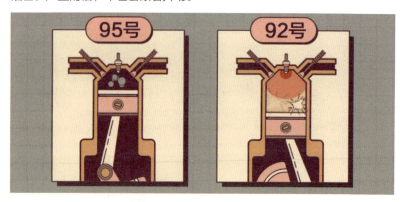

当然，气缸爆燃不止这一种情况，原因也很复杂，但加错汽油引起的爆燃最普遍。

用了低标号的汽油容易爆燃，盲目用高标号也没啥好处，可能会因为燃烧不完全而产生更多积炭，而且车开起来动力也不足。

最后还要说明，偶尔加错一次油问题不大。

花式玩车第一步，教你如何安全地弹射起步

电影中的赛车场面，总有很多镜头让车迷热血沸腾，比如烧胎和弹射起步。作为普通车主，平日几乎没有机会进入赛车场，但"弹射起步"这项高级技术还是可以偶尔在安全的地方尝试一下的。不过，弹射起步到底伤不伤车？本节就来说说，怎样才能安全地弹射起步。

平时开车，都是开门、启动、挂档、起步——太平淡。可在电影里，汽车都是烧胎起步。其实，这种烧胎起步很简单：先把电子系统关上，然后同时踩下加速踏板和制动踏板，等转速高起来，抬起制动踏板就行了。

但是，这种起步方式对加速并没有什么用，而且还非常毁胎。外行当热闹看，而内行根本不屑一顾。要想在起跑线上不落后，就必须控制好起步转速，这就牵扯到轮胎的摩擦力。汽车前进时，发动机的动力通过传动系统传递给轮胎，轮胎与地面摩擦才能推动车辆行进。所以你要控制好发动机转速，在不突破轮胎抓地力极限的前提下，发挥最大动力，才能实现最快的弹射起步。

这种操作要求右脚必须能精准控制加速踏板深度，踩多踩少都不行。尤其是大功率后驱车，车技差的开出去都是歪的。

当然，技术有限的朋友们也不用担心太难。如今，许多跑车都匹配起跑控制系统，ECU能根据路面情况自动调整动力输出，四驱车型还能自动分配前后轮动力输出比例，驾驶员只管踩加速踏板就行。

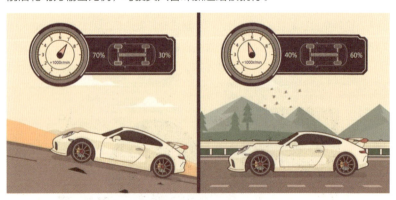

弹射起步的加速最快,但动静没多大,而烧胎起步主要是场面热闹。最后要说明,不是所有的车都支持弹射起步,主要看变速器答不答应。

MT(手动变速器)、AT(自动变速器)、CVT(无级变速器)还比较皮实,偶尔弹射一两次没什么问题。如果是干式双离合变速器,车主就得特别珍惜,因为如果同时踩下加速踏板和制动踏板,离合器片一直处在半联动状态,变速器就非常容易过热。为了防止这种故障,各汽车品牌通常会限制发动机的起步转速。

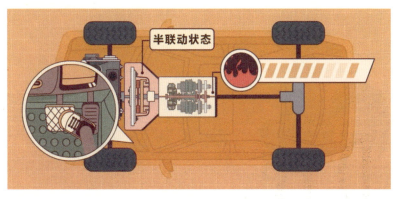

"战神"GT-R的双离合就有变速器过热的问题,好在2013款之后,变速器优化了散热性能,整车升级了控制软件,就能纵情弹射了。而保时捷的PDK非常皮实,稳定性超好,有人开着911连续弹了50次,起步依然很"弹"。

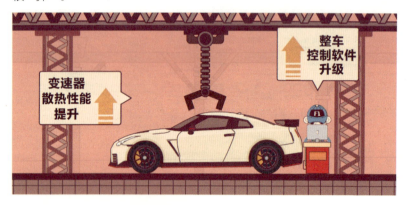

友情提醒一句,弹射起步虽然可以让你体验到快感,但不能经常玩。一方面很伤车,另一方面——安全第一啊!

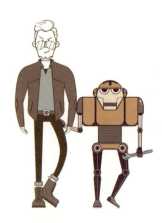

轻加速，慢开车，真能省油吗？

汽车油耗的高低与驾驶习惯有关，但基本上是由动力系统决定的。那么，汽车上有哪些省油的技术？怎样达到"最佳经济时速"？下面就来说说，油耗到底和哪些零部件有关。

省油的根本宗旨就是要提高效率、减少浪费。这里所说的效率包括两方面：汽油的化学能转化为动能的效率和传动系统效率。

先说汽油，它燃烧产生的能量不仅要让车跑，还要负责供电、克服阻力，有一大部分会被浪费。燃油效率高不高，跟很多零部件都有关系。

发动机是汽车的心脏，直接影响汽油的燃烧效率。下图是一张发动机万有特性图，它表示发动机在不同工况下的耗油量高低。

下图的左下区域转速低、加速踏板浅，说明汽油燃烧不充分。而下图的右上区域转速高、加速踏板深，动力需求高，汽油喷得就多。由此可见，发动机转速太高或太低，都不省油。

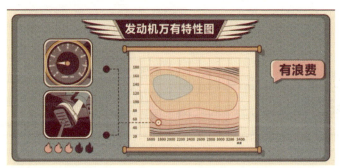

看不懂图没关系，只要记住，越靠近图中间的位置越省油，也就是发动机的"经济转速区间"。为了让"经济区间"更大，厂商会在发动机上应用各种技术和优化手段。

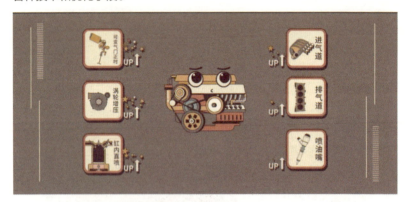

当然，还得看变速器。

传统的手动变速器和这几年大火的双离合，都是通过离合器片和发动机直接连接的，这种方式动力损失少，但偶尔也会出点问题。

AT和CVT两种变速器通过液力变矩器和发动机相连,动力通过液体传递,能减少抖动和顿挫,但传动效率有损失。

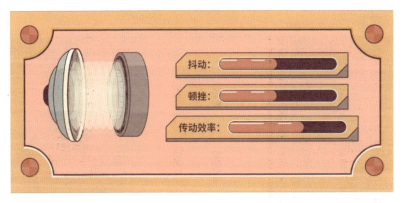

　　理论上,手动变速器的传动效率最高,应该最省油,但以很多新手的驾驶水平来看,不是熄火就是更费油。
　　而好的自动变速器能结合各种信息看准时机换档,通过控制转速来让发动机在最佳经济区间内运行。

最后，动力从变速器出来，还要经过一系列零部件传递到车轮，一路上又有不小的损失。

像发动机前置前驱的家用车，只需要两根半轴，传动效率最高；前置后驱的运动型车，要先把动力通过传动轴传到后轴，再通过半轴传给车轮，多一道程序，动力损失就多；而四驱车不光有传动轴，还有四个半轴，动力损失最多。

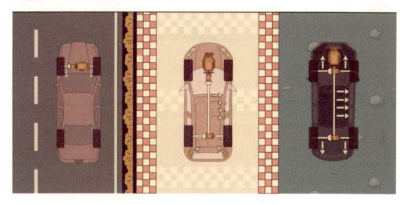

传动效率低的车，开起来当然更费油。但动力系统属于"先天条件"，后期一般动不了。

教你怎么开车最省油！这6招都学会，油耗大幅降低

一辆车的油耗高低和动力系统有直接关系，是"先天条件"，后期改不了。但同样一辆车，为什么新手开比有经验的驾驶员开油耗高好多？在日常驾驶中，哪些行为可以改善汽车费油的问题？下面就来"揭秘"开车的省油技巧。

上节说到，一辆车的油耗高低，与发动机和传动系统有直接关系，这些是"先天条件"。当然，有些开车的技巧还是能帮你省点油钱的。

想省油，最重要的是保持动力系统健康。机油、机滤、空气滤芯、变速器油，该换的换；进气道、节气门、活塞，该清洗就清洗。如果它们不在工作状态，那么不光油耗高，车开着也别扭。

机油需要特别注意。它有不同的等级和黏度。通常，机油越稀，发动机运转时的内部阻力越小，这样能省油，但也会觉得车"没劲儿"。用什么机油要看车辆说明书，一定要和车型、驾驶习惯相匹配。

轮胎是汽车的重要部件。

汽车匀速行驶时,轮胎要克服来自地面的阻力,阻力小当然就省油。宽胎和地面的接触面积大,提升抓地力的同时阻力也大,所以更费油。另外,胎压过低也会造成轮胎与地面的接触面积变大,费油是小事,可怕的是容易爆胎。

轮胎有很多种。节能轮胎的橡胶和花纹比较特殊,能降低滚动阻力,动力相同的条件下,可以跑更远的距离。

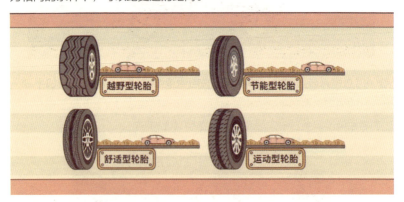

汽车跑起来，除了要克服地面的阻力，还要对抗空气阻力，俗称风阻。

车速越快，风阻越大。高速行驶时，发动机产生的大部分动力都用来克服风阻。

根据造型不同，车的风阻系数也不一样。总体来说，SUV的风阻系数更高，而一些小部件多少都会增加风阻和油耗。

还得把之前的万有特性图搬出来：假如车辆匀速行驶，汽车的驱动力与阻力是完全相同的，恰巧发动机又处在经济转速区间，这时的速度就是这辆车的经济时速。

车速快了风阻大，车速太慢燃烧效率低，都不如经济时速省油。

不过在日常行驶中，能匀速行驶的时间很短，经常走走停停，那车重就会影响油耗。车里少装东西还是有用的，不光省油，还能适当缩短制动距离。万一发生事故，车内杂物还可能对人造成伤害。

最后,下面这些驾驶习惯,也能大幅降低油耗:

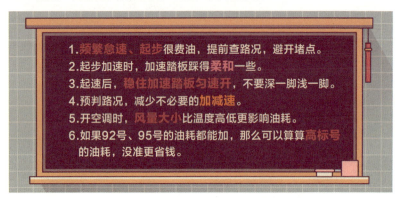

1. **频繁怠速**、**起步**很费油,提前查路况,避开堵点。
2. 起步加速时,加速踏板踩得**柔和**一些。
3. 起速后,**稳住加速踏板匀速开**,不要深一脚浅一脚。
4. 预判路况,减少不必要的**加减速**。
5. 开空调时,**风量大小**比温度高低更影响油耗。
6. 如果92号、95号的油耗都能加,那么可以算算**高标号**的油耗,没准更省钱。

不过,汽车对大多数人来说只是个代步工具而已,没必要时时刻刻都精打细算着开。

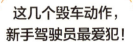

这几个毁车动作，新手驾驶员最爱犯！

有的车开了60万千米都没啥大问题，可有的车只开了不到10万千米就报废了，车跟车的质量相差这么大吗？问题极有可能出在开车的人身上。毁车的驾驶习惯不改，费钱还不安全。你的驾驶习惯对不对？

刚买了车舍不得开，停在楼下或者车库里欣赏，时不时地就去抛个光，"晶晶亮、透心凉"，和新车一个样！

但是，车漆不是粉底，总共也没多厚，频繁"化妆"只会让车漆层变得越来越薄，好看是好看，保养起来越来越费劲。

剐剐蹭蹭问题不大，经验丰富的驾驶员都攒好几处再一起修。

买回来的车不能总停着舍不得开。车长期放着不动会导致轮胎变形老化，一上路就跑偏，还容易爆胎。

换轮胎浪费的钱和时间倒还是其次，关键是不安全。据统计，超过四成的交通事故是由轮胎引起的！

车长期不开机油会氧化，活塞和气缸少了润滑，会直接"硬碰硬"。而且蓄电池也会亏电，损害电池寿命。

车主开车的习惯也得注意。转弯的时候方向盘别打到底，否则会加剧助力泵传动带老化。

路过减速带的时候记得减速，想耍酷一溜烟儿开过去，减振器和弹簧可不答应。

过水洼地的时候别图快，阻力能把车牌、保险杠拽下来。涉水还可能让变速器油浸水变质，另外对车轮、轴承也不好。

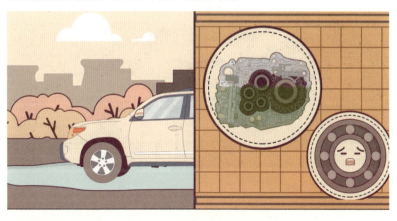

如果你开的是手动档的车，那么一定不要偷懒，该换档时就要及时换档。汽油燃烧不充分会令发动机产生积炭，不仅动力不足还污染环境；换档时离合器踏板一定要踩到底，否则会伤害变速器。变速器的成本是整辆车的15%~30%，出一点小毛病就得大修，你自己算算得花多少钱？

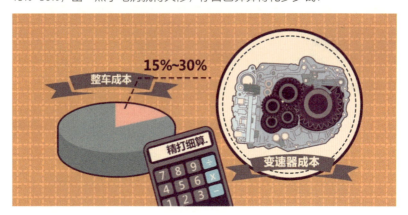

对了，换档完成后应赶紧把离合器踏板松开，否则也会磨损离合器。

"这么麻烦，那我换自动档的车总行了吧？"

你以为自动档就是全自动啊？换档的讲究也多了去了——长时间等红绿灯记得挂N位+拉驻车制动杆（手刹）。挂着D位踩制动踏板不仅费油，还会让变速器油温升高。这时候如果后车追尾，也会损伤你的变速器。

另外自动档的车千万别挂空档滑行，因为空档时自动变速器没有润滑，内部温度升高很容易彻底报废哦！

随着汽车制造技术不断进步，一些有经验的驾驶员们口口相传的伤车坏习惯，现在都没关系了。以前停车之后不能马上熄火，要停2分钟冷却，现在搭载涡轮增压发动机的汽车基本都能直接熄火走人。

过去天冷时驾驶员要让发动机预热5分钟等冷却液温度上来后才能行驶，而现在的发动机普遍采用电子喷油技术，所以预热1分钟就能开走，只是最初一段距离的转速别太高就行。

总之，视知车学院提醒大家，一些开车的习惯和禁忌，自己要是拿不准，就翻翻车辆使用说明书。

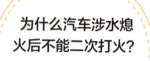

为什么汽车涉水熄火后不能二次打火？

雨天行车危险多，尤其是涉水行驶，很多人都知道积水里熄火不能二次打火，但为什么不能？二次打火会导致车辆哪里出问题？下面就来看看。

车在水里熄火，还是赶紧下车求援吧。

车进了水坑，排气管是不会进水的，因为发动机运行时一直排气。

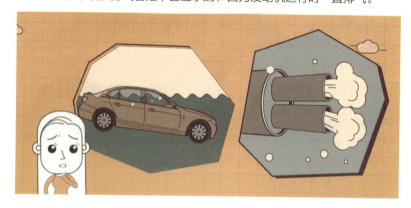

熄火的主要原因是发动机自己"呛水"了。

我们之前说过，发动机的气缸里装的是油气混合体，压缩点燃后推动活塞做功提供动力。当汽车陷在水里时，水从进气位置流进气缸内部，替代了空气的位置，活塞压不动汽车自然就熄火了。

如果强行再次打火，则很可能会损坏发动机。

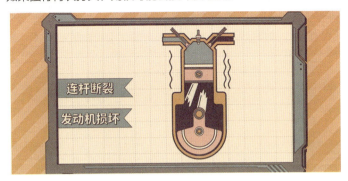

车学院特别提醒：熄火后再次打火这种人为失误，就算投保了涉水险，保险公司也不赔。因此，当发现积水深度超过半个车轮时，最好赶紧绕道。

"电动车不用进气，是不是就不怕呛水了？"
"电动车能不能涉水，要看电池的防水等级，一定要仔细看说明书！"

涉水后不检查这几个地方，你的车可能就报废了

雨季开车，难免走个水坑，其实只要操作得当，基本都能顺利通过。但通过以后车就不会出问题了吗？看看这些位置，如果不检查，就可能留下安全隐患。那具体应该检查哪些位置呢？

之前我们讲过，当车辆涉水时熄火，千万别二次打火，等着拖车拖去4S店，拆开清理发动机和进气系统才是上策。

假如没熄火、没报警、成功开出了不坑，也别想着挑战下一个极限了，要赶紧给车做个全面检查，尤其是三大件：发动机、变速器、底盘。

涉水行驶时，很多工作环境跟水没关系的零件可能都和水亲密接触了。

涉水后最好停下车，查查发动机进气口、发动机舱、四个车轮有没有杂物，以免影响行车安全。

假如水很深，最好彻底换一次机油和变速器油。因为发动机油底壳和变速器有些气孔可能进水，水和油混在一起，就会变质。这个问题需要专业修理店处理。

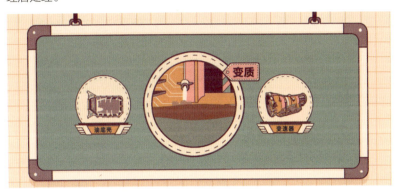

在维修车间，应把车抬起来，看看底盘上有没有异物，然后检查这些地方的橡胶套有没有破损或错位。车开进水里阻力很大，水里又掺杂各种异物，很容易破坏这些脆弱部位。

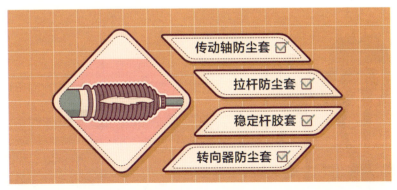

涉水时间长了不修理，要么出现漏油，要么动力系统混进沙土损伤机械结构，到时候跑起来乱响、颤抖不断，修都不好修。

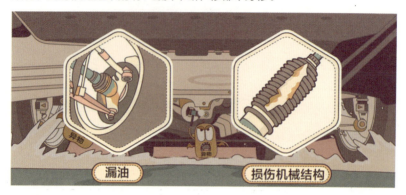

最后提醒您，汽车不是水路两栖设计，水坑再浅也要当回事，涉水后一定要仔细检查，能绕就最好绕着走。

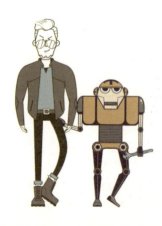

车漆出现了太阳纹？可能是你的洗车姿势不对

很多人洗车就是随便找个小店，你就不怕小店里来路不明的清洁剂或者擦车巾夹着石子？洗车不如亲自上阵，安心、稳妥又能让您减肥，本节就来说说正确的洗车步骤。

路边洗车，便宜但可能"很受伤"。车漆娇气，如果洗车手法不专业，那您的爱车可能"年纪轻轻"就"长出皱纹"。

视知车学院建议，有条件不妨亲自洗车，细致、稳妥还能让您减肥。

洗车的正确步骤是：

先用气枪清理发动机舱和各处缝隙里的尘土，防止它们在洗完车后又蹦出来二次污染。

然后在车身表面喷上松弛剂，软化各种污渍，专业洗车液不伤手也不伤车漆，没有的话可以用"泡沫+水冲"代替。

一些小洗车店用的泡沫，可能成分不明哟！

污渍被软化后，应先用高压水枪冲洗车身，再用小工具清理死角，讲究的车主还可以喷一层水蜡养护漆面。

打蜡时建议用超细纤维、羊皮、麂皮这些材质的擦车巾。

最后用软布擦干全车，软布里千万不能夹杂小石子、砂粒之类的杂物，否则效果跟砂纸差不多。

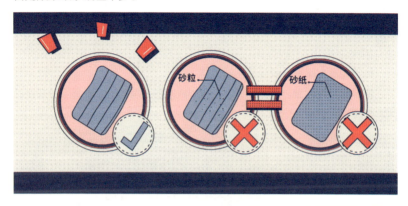

表面工作做完还得清洗内饰，简单地用软布和吸尘器配合即可。

不同的内饰材料也有专用清洗剂，长期混用或者错用的后果很严重。

车学院最后建议，一些专业美容店的"深度清洁"耗时长、项目多还费钱，不需要常做。

迫不得已在小店洗车的话，先看看洗车师傅的手有多白，再看看洗抹布的水和洗车布，要是比车还脏，就赶紧走吧！

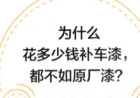

为什么花多少钱补车漆，都不如原厂漆？

路上开车，难免遇到剐蹭，到修理店重新喷涂以后，总觉得和原厂漆面有差距。后补的漆和原厂漆到底有什么区别？是原材料问题还是师傅手艺不过关？下面来说说，为什么原厂漆这么宝贵。

传统的汽车喷漆一般要喷四层。

第一层是在白车身表面均匀、无死角地覆盖一层电泳底漆，保护钢铁材质不生锈。

然后是中涂漆，它能保护电泳底漆，还能让色漆更好地附着在车身上。色漆则决定了车辆的颜色。最后一层是清漆，保护色漆，让表面闪闪发光。现在，一些车厂省去了中涂漆，改用加厚的色漆和清漆。还有些高档车漆面亮丽，是用了多层色漆和清漆的喷涂工艺。

原厂漆的喷涂工艺就是这么复杂。而补漆店一般先把原厂漆彻底打磨掉,包括最珍贵的电泳底漆。如果表面不平整,还要用腻子粉找平。

然后喷一层防锈漆代替电泳底漆和中涂漆,再喷上色漆和清漆。

"这不是也喷好几层吗?"

车厂喷涂车漆,会进行多次高温烘烤,以进一步提高车漆的附着力。

而补漆店的温度最多80℃,太高了,车的其他零件也受不了。而路边小店拿个高温灯烤烤就不错了。

而且补漆店用的防锈漆的制作工艺和喷涂效果比原厂的电泳底漆差远了。

另外，路边的快修店不可能有原厂漆。4S店里所谓的原厂漆，也是从厂家买的专业修补漆。手艺差的地方，车漆颜色全凭肉眼调配，色差明显。

所以，补漆和原厂漆的差距是全方位的。新车一定要保护好漆面，避免剐蹭。至于老车，反正剐蹭也不心疼了。

冬季积雪汽车无法启动怎么办？跟有经验的驾驶员学几招，安全又养车

昨夜一场暴风雪，今早爱车大变身。车窗冻住、满车是雪，汽车上的积雪要怎么清理？用刮水器？用开水？别慌，本节就告诉你正确的除雪方法。

"下雪了！下雪了！我用不用出去把刮水器立起来？"

"怕刮水器冻在风窗玻璃上吧？只要是大冷天，别管下不下雪，有经验的驾驶员都习惯把刮水器立起来。"

不过，有经验的驾驶员的经验也不一定对。下的雪堆积到刮水器上，使其重量变大呼呼刮风，万一给刮折了呢？雪多了，刮水器也容易变形，到时候在玻璃上一刮可就郁闷了。

其实在刮水器下面垫点东西就行，比如X光片就挺合适。

"万一真冻上了怎么办？"

积雪松软，可以用刮水器刮干净，结冰了就要用雪铲除冰。

刮水器冻上的话，不能强行启动，很容易烧毁电动机。这时候也不能生拉硬拽，也别学一些驾驶员拿开水浇，因为水会顺着排水管流下去，过后排水管、刮水器又得冻上。我们可以用防冻玻璃水浇刮水器，冰很快就能化开。

也可以先发动车、打开暖风，一边吹玻璃一边清积雪。即使是凉风也管用，也能把玻璃上的冰碴吹化了。

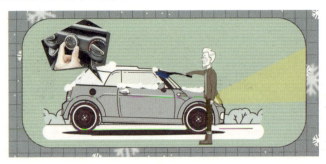

侧车窗上有冰时不能升降玻璃，轻则损伤密封胶条，重则影响电动机寿命。

就算不开车，也要及时清理车上的积雪，不然白天化了，晚上也会冻上。

手套、毛巾、抹布等只能擦松软的积雪，如果结冰了就无法处理了。在常下雪的地方最好备上除雪铲，车主可以用它把车窗、车灯、车顶、车轮的雪都铲干净。

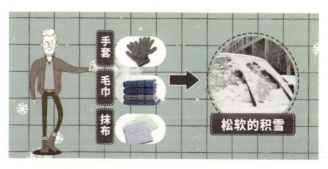

为什么汽车长期停放等于毁车？

人们常说,生命在于运动,汽车也是如此。汽车长期停放很容易出现问题。本节就来说说,假如汽车长期停放,哪些零部件最容易受损伤。

"怎么回事？车开进车库时还好好的呢？"
"这车这么'古董',得有一个月没开了吧？"
"嗯……好像不到三个月。"
"难怪！车越不开,坏得越快！"

现在的车,只要质量过关,停放一个月基本都能正常起动。放得时间再长点,蓄电池就可能没电了。那些停了两三个月的车,当然发动不了。

有的车比较高级，有电源管理系统，能优化发动机起动时的电能供给。可再好的管理系统也扛不住长期不打开。

还有轮胎。正常行驶时，轮胎受力均匀；而停车时，橡胶轮胎和地面接触的地方一直处于变形状态。时间长了轮胎也会变形，还没法恢复。如果确定这车长时间不动，可以把胎压打高点，以减少变形。

车辆长期停放，各种油液还可能变质，比如机油、制动液、转向助力油、防冻液，之后它们会伤害各种零部件。例如机油容易氧化，润滑效果会变差，不仅没法保护发动机，产生的某些酸性物质反而会腐蚀发动机。

家里的电器长久不开还可能故障呢，车里的个别电子元件也是这样。

"按你这么说,汽车跟小狗差不多,得定时遛。"

车学院建议,至少每周开一次,选不堵车的路多开一会儿,否则发动机转速不够高,蓄电池没充电,光费电了。

另外,长久不开车,零食、饮料、打火机、移动电源、空气清新剂、香水等千万别放在车里。

夜间气温降到零度以下，汽车需要换冬季专用的机油防冻液吗？

冬天气温低，人们刚坐进车里就要把各种取暖设备打开。那么，汽车用不用做御寒准备？有经验的驾驶员常说要换冬季专用的机油和防冻液，到底对不对？本节来说说正确的冬季保养方法。

"我昨天刚加的玻璃水，怎么喷不出来啊？"
"你加的是冬季玻璃水吗？冰点是多少？"
"玻璃水还有冰点？"

夏天用的玻璃水量大还便宜，但冰点一般只有0℃，到冬天就冻上了，不仅没法用，严重的还能把玻璃水水壶冻变形，修起来特别贵。

所以，入冬之后，查查本地夜间的最低温度，换上合适的防冻型玻璃水。

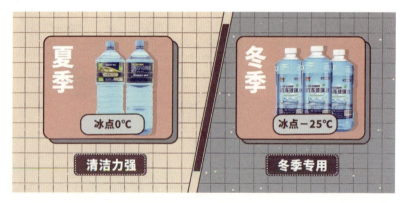

"对了,我听说还得换防冻液和机油。"

以前是,但现在的汽车工艺和油液质量都提高了,机油、防冻液只要没变质、量足够,按说明书的要求定期更换就行。

一般来说,全合成机油的低温流动性最好,半合成的问题也不大。

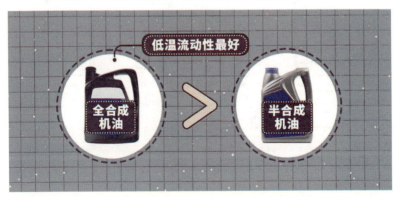

但是，入冬前车主最好对爱车做一下检查和保养，比如暖风机管不管用、雾灯亮不亮。重点是蓄电池，气温低时蓄电池更容易亏电，长期放置不开的车还会启动不了。

我们建议备一根搭电线，万一真不能起动了还能找人来救援。

更关键的是轮胎。有人喜欢在天冷时把胎压充高，其实，胎压太高或太低都会影响制动效果。冬天地面温度低，轮胎橡胶会变硬、变脆，摩擦系数会随之降低。

最好换掉磨损较严重的轮胎，也可以做一下轮胎换位。千万别用品牌和花纹不同的轮胎，同时要记得定期清理胎纹里夹杂的杂物。

小店修不了，大店修不好，这些毛病你的车有吗？

现如今，各路豪车不装点高端的配置都不敢出门上路，比如隐藏拉手、全铝车身等。不过，豪车出身名门，难免自带富贵病。下面就说说汽车的富贵病。

"说书唱戏劝人方，路上堵车别心慌。买车用车哪儿不懂，车学院给你做文章。"下面咱说说汽车的富贵病。

听说过全铝车身吗？整车用上铝合金材料，特点是轻盈，属于豪车标配。

可铝合金材料强度比钢材低，撞了特容易变形，还焊接不上，只能整块换。现在只有路虎、捷豹还在执着地用着铝合金材料，奥迪A8L都换钢铝混合了。

"就算有钱也没时间修啊，而且换完就不是原厂的了。"

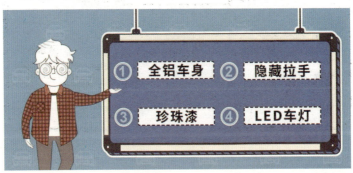

这两年流行简约，设计师顺应潮流，把车门把手藏了起来，多高端。但隐藏拉手的结构特别复杂，坏了想修特别麻烦，必须去4S店用专门设备维修。

"对啊，万一出了车祸，救援的人都不知道从哪儿开车门。"

至于珍珠漆,你以为就名字好听?那可是真的加了珍珠粉!

可车辆上路行驶,难免剐蹭,高端漆一般的维修店补不好,4S店维修也免不了色差,到时候真就欲哭无泪了。

现在,高级点的车都配LED车灯,说是终身不坏。可万一坏了,就只能换掉整条灯带。

而且,LED车灯设计好了才漂亮,设计不好就像跑马灯啊!

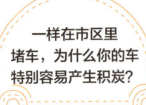

一样在市区里堵车，为什么你的车特别容易产生积炭？

"今天坐你这车，怎么感觉不太一样？"
"你怀疑我的开车技术？"
"不是技术，你不觉得你这车正在抖吗？"
"他这车开了好几年，估计有积炭，回头年检都成问题。"

平时开车，免不了经常走走停停，这时发动机的转速很难超过2000转/分。汽油燃烧不充分，就会产生一些沉淀物。

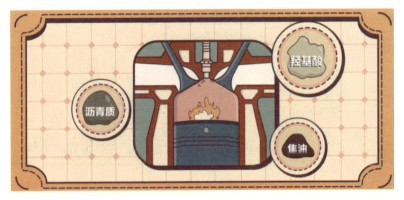

还有些汽油雾化后没有进到燃烧室,加上转速不高导致进排气的压力不够,这些物质就残留在发动机内并混到一起,形成像油泥一样的胶状物。

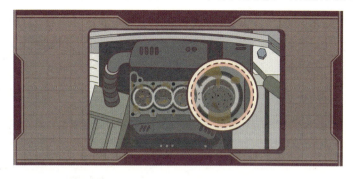

沉淀物经过长时间高温高压,就变硬形成积炭。

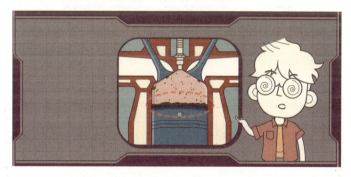

一些加油站的油品质量不过关、杂质太多,也容易造成积炭。

总之,积炭产生的原因就是汽油在不该出现的地方、发生了不该发生的燃烧,路况和油品是积炭形成的两大主因。

各个位置的积炭都会影响发动机正常工作。比如，一些车的ECU可以根据进气量自动调整节气门的打开角度，但如果积炭太多，ECU就有可能因为受到干扰而无法有效控制节气门。

目前的发动机技术还无法彻底避免积炭，但驾车时注意一些细节，也可以减少积炭，大家不妨记好这3点：

"你这车抖得这么厉害了，油耗升高，动力下降、排放超标，得赶紧清积炭。"

"没事儿，过两天我拉拉高速就行了。"

清理积炭可没这么容易。下节就说说清积炭最有效的几种方法。

拉高速能清积炭，是真的吗？

汽车开几年，发动机里就会产生不少陈年积炭。有些驾驶员常说拉高速就能清积炭，而加油站的工作人员会向你推荐10块钱两瓶的燃油宝。这些方法到底可不可行？积炭如何才能清除干净？本节就说说清除积炭的几种方法。

"前两天4S店给我打电话，说我的行驶里程快到1万千米了，让我去清积炭、清洗油路。"

"你可别上当，准新车只要不是天天怠速2小时，哪儿来那么多积炭。

去了万一让你拆发动机，花钱不说，还可能影响发动机的密封性，人家知道你发动机拆过，二手车都跌价。"

现在4S店和大型修理厂主流的积炭检查方法是用内窥镜。内窥镜跟胃镜差不多，是用摄像头查看发动机内部，但节气门、进气道等部分没法完全看清楚。

另一种方法是用计算机间接检测积炭，不过这种方法的检测结果经常不太准确，容易受到其他因素影响，如车辆故障等。

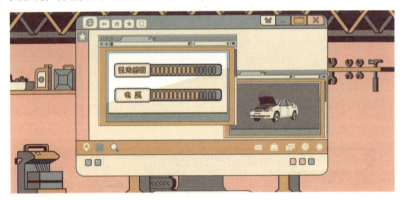

"这看不见那不准的，还不如拆发动机呢。我以前去修理厂清过积炭，就像人输液一样，一次要半个多小时。"

这其实是最常见的方法——打吊瓶。发动机维持2000转/分左右的转速，把清洗剂直接冲进积炭最严重的部位，也就是节气门和进气道。不过，这种方法效果一般，对燃烧室内烧焦变硬的积炭基本无效，性价比较低。

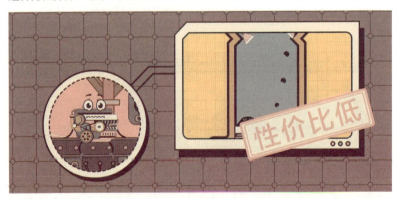

市面上卖的一些清洁型添加剂也可以清理积炭，不过也只能清理一部分油路，对节气门、进气系统则无效。而且，添加剂得注意用量，万一用多了，容易使积炭大面积脱落，就有可能把油路堵上。

因此，这些零件还是拆下来清洗最有效。

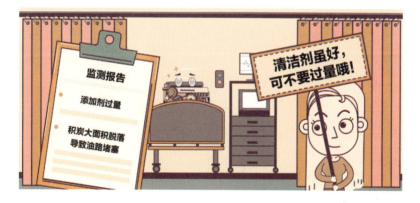

"听我的,加油站推销的燃油宝不管用,我们有经验的驾驶员都喜欢'拉高速'清积炭。"

"拉高速"其实就是往发动机里"吹风",表面上那些没变成积炭的沉淀物,能稍微被吹走一点,从而减少积炭产生。

至于那些烧焦变硬的陈年积炭,车开到快飞起来也吹不走。

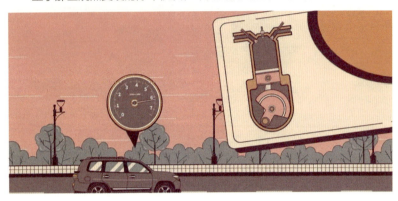

"说了半天,积炭没法彻底清干净啊?"

"家里的抽油烟机不也一样?"

最后提醒大家一句,积炭的形成和驾驶习惯、路况有直接关系,如果车辆出现异常抖动、怠速不稳的情况,就需要检查是否有积炭。

另外,缸内直喷发动机的积炭会更加严重,需多加注意。

为什么开时间长了的汽车会有异响?应该怎么解决?

人上了年纪,难免腰酸背疼腿抽筋。车也一样,就算平时爱车如命、按时正常保养、零事故,时间长了车辆也可能出现底盘松散、油耗升高等现象。本节来说说到底哪些零件出问题会导致汽车出现"老年病"。

要说"未老先衰",不仅是人,汽车也有这个问题。

同一款车两个人开,哪怕行驶时间和行驶里程相同,车况也不一样,这取决于驾驶风格、行车环境、路面情况、保养习惯等。

如果车出现了抖动、异响等小毛病,或表盘报警,一定要尽快去检测、维修,别把小病拖成大病。

上边那些是人为可控的老化,平时多注意,基本可以避免。

还有一些零件自然老化,也会导致整车"未老先衰",行驶品质大大降低。

首先就是那些橡胶和树脂零件,使用时间长了会被磨损,即使长期不用也会坏掉。比如固定线束的树脂卡扣,长时间处于恶劣环境中,容易失去弹性、又硬又脆,折了之后线束到处乱撞、发出异响。

车门上的橡胶密封条，老化之后密封效果下降，车内噪声变大。底盘连接部分的橡胶衬套，老化之后影响滤振表现。还有些螺栓经过多次拆解、安装，容易变形、开裂。负责任的厂家对这些易损件的使用次数和时长有严格限制。

"所以说，更换这些零件的钱不能省，否则会影响驾驶感受。"

关键是这些小零件也太不起眼，平时很难监测，哪怕它们坏了车也能照样能开，但汽车老化还是挺让人心疼的，是吧？

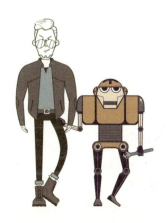

洗车应该怎么洗？这几点不注意，有可能会毁掉车漆

世界上有两种驾驶员：一种常年不洗车，一到下雨天就开心；还有一种特别爱惜车，三天两头地就洗一洗。其实，这两种情况都不可取。那究竟多久洗一次车才是最恰当的？洗车又有哪些要注意的？本节就来聊聊大家容易忽略的洗车注意事项。

自己洗车挺好，但有不少需要注意的地方。

经过高速行驶或者烈日暴晒的车，千万别直接用水冲。因为这时车漆表面温度很高，凉水对漆面有破坏，严重的还会导致车漆开裂。

不能在暴晒之后洗，也尽量别在艳阳高照的中午洗车。

因为水珠在漆面会形成凸透镜，使车漆局部产生高温，时间久了会影响车漆光泽度。另外，最好找个阴凉的地方洗车。

车洗得太勤，会加速漆面氧化。在大城市，大概两周洗一次比较合适。但如果有灰尘、泥土太多或者遇到雨雪天，还是要尽快洗一洗。

"你还买了高压水桶啊？"

"对，能不能用它冲发动机舱？"

"我可不建议。"

发动机舱里有各种电子控制元件，虽然做过防水处理，但这些熔丝盒、未做防水处理的线束接口、裸露的蓄电池接口和其他电气接口等，最好别用水冲。

熄火不久的车更不能冲发动机舱，否则会伤害机械的金属结构。车主要是实在觉得脏，可以用泡沫清洗剂擦一下。

"那制动盘能冲吗？"

"分情况。"

夏天，制动系统内的积水可以靠温度升高自行蒸发，没什么问题；但冬天容易结冰，因此洗车后车主要在原地多踩几次制动踏板，以排出水分。

刚跑完山路或者频繁踩制动踏板之后，千万别用水冲，温差可能造成制动盘或制动片爆裂。

明明没下雨，车里却存了一摊水？排水孔检查了解一下！

汽车并不是密封的整体，全车遍布着排水用的管道，以便将积水快速导出。然而很多车主并不在意它们的保养与疏通，风沙、柳絮等异物堵塞的直接后果就是汽车变成"水帘洞"。本节就告诉你重要的排水孔在哪里。

赶上下雨天，不仅开车的难度增加，搞不好车里还得下"小雨"。

这时，你可能会埋怨车的密封做得差，其实，更应该查查是不是排水孔堵塞！

汽车不像罐头一样完全封闭，车身和发动机舱都有很多易积水的地方，工程师为此会专门设计一些管道和排水孔。然而很多车主并不知道它们的存在，更别提日常疏通了。

汽车自带的"排水管道"主要分布在天窗、发动机舱、门板下方、行李舱备胎下、油箱盖，以及底大边等部位。

天窗排水孔最容易堵塞，而且不易察觉，积水不多仅会浸湿顶篷。但如果严重了，水就会顺着B柱流到地毯下。时间一长，不仅腐蚀底盘，内饰板也会发霉变质。

如果不想让车里"长蘑菇"，车主就应经常打开天窗，清理四个角排水孔附近的异物。

打开发动机舱盖，你能看到风窗玻璃下沿有一排排水孔，一些车的空调进风口也在这个位置。下雨时，雨水会把树叶和杂物冲到这里。如果不想让雨水倒灌进车内，车主在平时洗车时就要顺便清理一下此处。

如果你的车经常在泥泞路面上行驶，车主还应该注意底大边和门板的排水孔，它们的位置都比较低，淤泥很可能将其封死，造成积水流到车门里……车里音响系统、中控门锁可都挺贵的！

这些部位的清理方法很简单——跑完泥路勤洗车，堵上了用铁丝捅一捅。

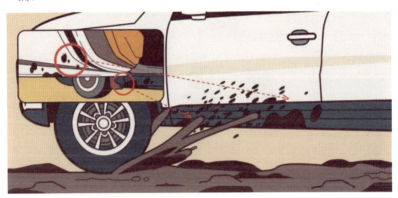

上述都是雨后排水不畅引起的积水。而在大晴天，车里也有可能存水。

夏天开空调，蒸发箱会不断吸收周围空气中的水分。正常情况下，形成的冷凝水会通过排水管穿过底盘流到车外，所以在夏天停车之后，地上会有一小摊水。万一空调的排水管堵了，积水说不好会从哪里冒出来。

车辆有这么多排水的地方,车主平时要定期检查并清理杂物。另外,别长时间在树底下停车,树叶是最常见的堵塞物。

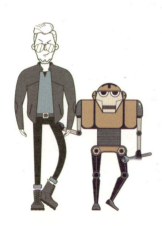

豪车终生免换变速器油？普通车应该多久换一次？

变速器跟发动机一样，都是汽车上重要且价值不菲的部件，同样都需要油液起到润滑、清洁的作用。有经验的驾驶员都知道发动机的机油需要定期更换，那变速器油需不需要更换？出现什么状况，要考虑换变速器油？有些品牌宣称终生免换，到底可不可信？下面就跟大家聊聊变速器油的事。

"上次去4S店保养，人家建议我换变速器油，原来这里边也有油啊！一问价格，好几百元，我可舍不得。"

"那你这车换档有异常吗？"

"感觉比以前抖得厉害点儿，换档慢点儿。"

"人家没坑你啊，是该换变速器油了。要么就有钱了换辆豪车，终生都不用换变速器油。"

其实，如果长期在恶劣路况下行驶，那变速器油肯定得换。

变速器油通常遍布变速器的各个部件，除了润滑，还起着清洁、散热、防腐、防锈等作用，在自动变速器中还承担着液压油的职责。它的工作环境比机油好多了，所以不需要经常换。

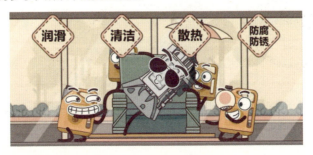

但就拿自动变速器来说,多片离合器和其他部件日常磨损,变速器油也会跟着慢慢变脏甚至变质。

离合器中还有多组重叠的摩擦片和压片,车开久了,摩擦片表面的金属粉末会混入变速器油中。脏了的变速器油携带大量金属粉末,不仅没法起到润滑作用,这些金属粉末还会像沙子一样加剧变速器的磨损。

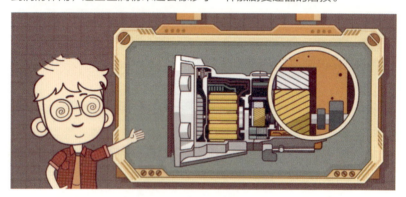

厂家为了防止这种情况发生,会在油底壳或者油滤芯周围装一些磁铁,可时间长了,磁铁会失效,加上滤芯过滤不了的杂质沉积在压力阀,说不定哪天档就挂不上了,或者离合器打滑。

等变速器出了大毛病再修,可不是几千元就能搞定的了。

一般来说，手动变速器每行驶6万千米或者两年就该考虑更换一次变速器油。自动变速器比较金贵，一般行驶四五万千米就要考虑更换了。不同车型不一样，按照说明书保养即可。

同时也得看变速器的状况。如果挂档平顺、没异响，可以不换。如果换档生涩、冷起动时起步动力不足、易打滑，就该查查了。

变速器的换油过程很简单，一种方法是跟换机油差不多：松开放油螺塞，让旧油液自己流出来，然后换新的就行。但这种方法更换不彻底，只能换40%的油液。

更好的办法是用循环机换油，就是用的油量比较大。换油还能把那些碎屑杂质清理出来，对变速器的工作质量和寿命都有好处。

汽车抖动、异响、跑偏，到底该做动平衡还是四轮定位？

去4S店保养时，我们经常会听到动平衡和四轮定位这两个词，二者都是用来保证汽车稳定性和安全性的重要手段。但这两者有什么区别？到底什么时候该做动平衡，什么时候该做四轮定位？下面就来给大家一一解答。

动平衡是一个常规的轮胎保养项目，四轮定位听着像修轮胎，其实跟轮胎没什么关系。

汽车平时停在那儿，看着挺稳当，但由于车轮结构或者制造工艺，车轮各部分承载的质量做不到完全平均分配。等车轮高速转起来，就没法实现平衡，造成车轮抖动、方向盘振动、轮胎异响等。

动平衡就是通过增加配重块，恢复车轮各部分的平衡。
只要更换和维修过轮胎，就要做动平衡。

而四轮定位调整的是底盘上零件之间的几何角度。

一辆车的车轮、悬架、转向机构和前后轴之间都有标准的相对位置，于是产生了许多角度和数据。

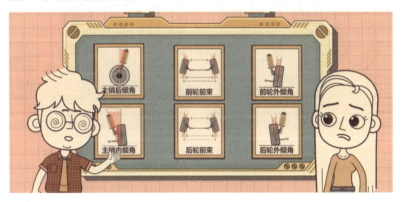

如果汽车严重跑偏，则很有可能是主销后倾角和主销内倾角出了问题。通过四轮定位，调整底盘系统，能使这些零件的角度恢复到正常范围。

做动平衡比较简单，将轮胎固定在动平衡机上并起动机器，测出轮胎的重量分配后，确定好配重块的安装位置并安装好就行了。

而做四轮定位要牵涉到好几个部件，用的设备当然也更高端——能根据车轮上的夹具和传感器检测出各种角度的数值，维修师傅再按照一定顺序进行调整。调整完成后，设备需要复查一遍，数据必须满足要求，然后出具一份检测报告，车主可以看到调整前后的角度对比。

简单来说，动平衡调整的是轮胎，四轮定位调整的是底盘。

动平衡是在补胎、换胎之后必须做的保养项目。四轮定位属于维修。

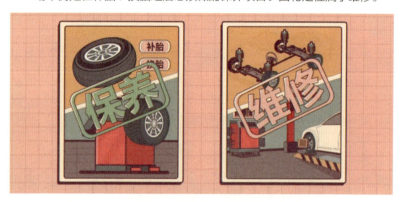

在保证动平衡的前提下，出现跑偏、转向精度变差、方向盘不正、啃胎等故障，或者维修过悬架、转向等系统，才需要做四轮定位。

这些车主以为的汽车大问题，其实都是小毛病！

一些车主对汽车的构造和原理不甚了解，爱车出了问题只能求助4S店或修理厂，结果不幸遇到黑心商家，本来换个零件就可以解决的小问题，却被忽悠换了总成，多花了几百元甚至上千元。甚至一些本来不能算故障的问题，也会被厂家过分放大。下面我们就告诉大家，哪些故障容易被"小病大修"。

一般来说，电子设备最容易小题大做。

车学院建议，假如电子设备不能正常工作，可以先自检，查查是不是对应的熔丝烧了。

车主需要打开发动机舱盖，找到熔丝盒，再根据背面的图示，找到对应的熔丝。如果只是熔丝熔断的话，旁边就有备用的。当然，看电路图、换熔丝这件事，对于多数人可能略有难度。

另外，一些车主遇到发动机怠速抖动，就以为是大毛病，其实也可能是节气门、火花塞、喷油嘴、点火线圈等部位该清洗了，完全没必要换套新的。

类似的问题比如加速乏力、排放超标，也是清洗相应部件即可解决。

发动机故障灯亮了您也别急，可能是三元催化器堵了。

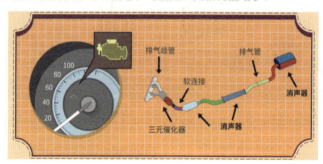

变速器是车上比较昂贵的部件，简单修修就得好几千元。假如您发现档位难挂、顿挫，不一定得花大钱，也许换一箱变速器油就没问题了。

烧机油也容易"小病大修"。造成烧机油这种现象的原因很多,黑心商家最喜欢让你换一套活塞环。活塞环能防止油底壳的机油窜到燃烧室,一套活塞环通常可以正常使用20万千米,而一换就得拆发动机,费用昂贵。

烧机油多数可能是油气分离器坏了,从曲轴强制通风出来的机油蒸气,直接通过进气歧管进入气缸燃烧。

还有个故障,即使部件明明没坏也可能让你想要换,就是安全气囊的故障灯突然亮了。你到店里一问,厂商说是气囊过期,换套新的几千元,心慌的车主肯定就答应了。

其实,这可能是因为长期振动导致线束插头松了,重新插一下,再清除故障码就行。

"这么多套路,普通车主根本躲不开啊。"

"所以会开车也得会修车!多认识点懂车的朋友,了解几家靠谱的维修店。"

空档滑行到底会不会烧坏自动变速器?

有经验的驾驶员都知道,配备化油器的车空档滑行能省油。现在,这种行为是被严格禁止的,尤其是配备自动变速器的汽车,因为传闻空档滑行会烧毁变速器。空档滑行和带档滑行哪个更省油?为什么一些豪车的自动变速器还增加了空档滑行模式?本节就具体解析下空档滑行的经济性及其对车的危害。

早年间,发动机靠化油器供油,供油量看转速和进气量。

假如行驶到一定速度,前边又是一大段平路或者下坡,这时挂空档,转速降到怠速状态,进气量最低,化油器供的油量也最少。用惯性往前滑,不踩加速踏板,当然省油。

如今,发动机技术升级,喷油量都经过ECU计算,空档滑行就不一定省油了。因为带档滑行不需要动力,甚至可以不喷油。如果有机会开手动档的车,你可以看看带档滑行的瞬时油耗——能低至零。

但如果在滑行状态时改成空档，为了维持怠速，发动机还会继续喷油，由于没有发动机牵制，因此车能滑得更远。

所以，到底哪种方式省油，还要看具体的速度和转速。

其实，交规严格禁止"在下陡坡时熄火或者空档滑行"。

而且，若滑行状态自动变速器处于空档位置，其很容易直接报废。

不过严格来说,自动变速器也不是完全不能空档滑行……奥迪、宝马的一些车型就带空档滑行模式。

很多人都觉得自动变速器不能空档滑行。他们认为自动变速器和手动变速器一样,都可以把发动机和变速器完全断开,靠发动机带动的油泵就会停止工作,不能给变速器内部降温,导致变速器被烧坏。

其实并不是。

自动变速器的动力总成中间是液力变矩器,不管在什么档位,都不会彻底中断动力传输。只要发动机启动,曲轴就会带动泵轮运转,所以变速器内部一直有油液循环、降温。

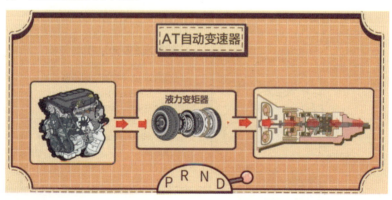

但是，变速器内部的油压和发动机转速成正比。高速空档滑行时，变速器的齿轮、离合器片还在飞转，但发动机处于怠速状态，油压太低，散热跟不上，变速器还是容易过热。

也就是说，只要速度不是特别快，自动档也能空档滑行。

但车学院的建议是，自动档空档滑行有风险，我们只说明原理即可。

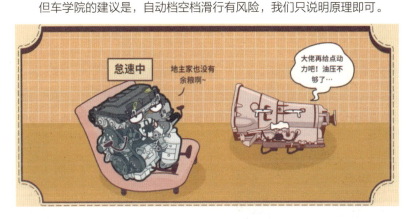

那如果奥迪、宝马带空档滑行模式呢？人家开启空档滑行的条件不一样，而且高端变速器更智能，发动机怠速时能自动提高油压，保证散热，还能随时切回带档模式，保证安全。说白了，就是豪车的空档滑行模式有智能保护，真是一分价钱一分货！

在路口掉头总是不能一把过？教你3个小技巧提升车技！

很多人选车时都会纠结买大车还是小车，后者的优势在于通常比大车灵活，停车更方便、掉头更容易。这些优势只是车身尺寸造成的差距吗？大车又有哪些快速掉头的小技巧？本节就来说说影响车辆灵活性的几个重要指标。

车辆在路上掉头时，把方向盘转到极限时车辆就形成了最小转弯半径。假如半径是5.5米，那这辆车掉头至少需要11米的宽度。

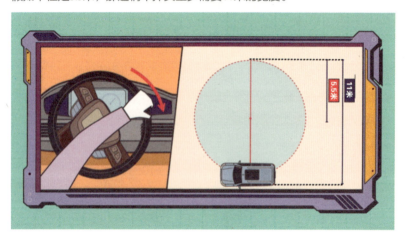

车辆最小转弯半径决定了一辆车的灵活性。半径大的车，掉头时可能需要倒一把，但走小路或者拐直角弯就比较麻烦了。

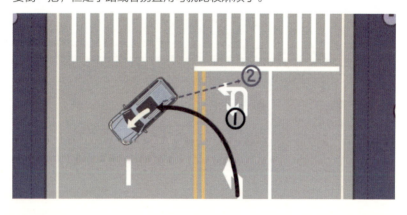

车辆的最小转弯半径主要取决于轴距和轮距及转向轮的最大转角。在转向轮最大转角不变的情况下,轴距和轮距越长,转弯半径就越大。公交车的前轮在驾驶员后边,就是为了尽量缩短轴距、减小转弯半径,提高在市区驾驶的灵活性。

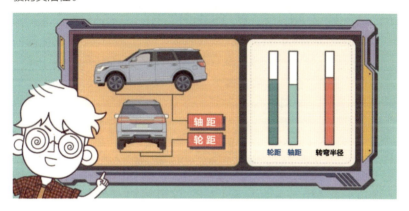

至于转向轮的最大转角,不同的车方向盘转到极限的时候,转角是不一样的,通常在30°~40°之间。

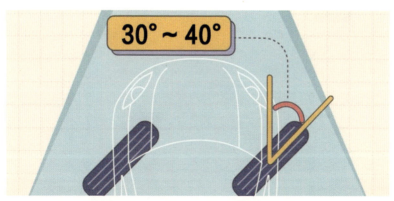

有些车由于机械结构限制，转向轮最大转角没法设计得太大，比如老款沃尔沃XC90，其采用了横置V8发动机，转角就偏小。

在转弯时，车辆两侧车轮的转弯半径并不一样。为了顺利过弯，它们的转角被设计得并不相同；两者相差太大的话，车辆容易转向过度，反之则转向不足。这属于底盘调校的范畴。

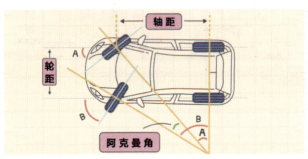

了解完最小转弯半径的知识，我们再说说过路口时有哪些小技巧可以帮你顺利地快速掉头。首先速度要慢，越慢的车，向前的动能越小，越容易掉头。

其次，在保证不出车道线的前提下，尽量向另一侧靠，而且打方向盘一定要快。

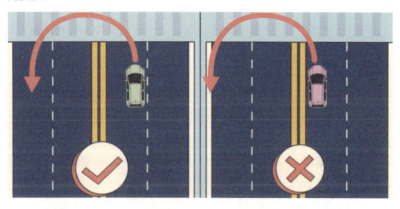

现在，很多豪华品牌厂商都在轴距长的车型上加装了后轮随动转向这个高科技配置，使得低速行驶时后轮能自己转动，方向则和前轮相反，帮助缩小转弯半径。

如果对自己的驾驶技术没信心，怕一次转不过来太尴尬，你还可以选择带后轮随动转向配置的豪华车型。

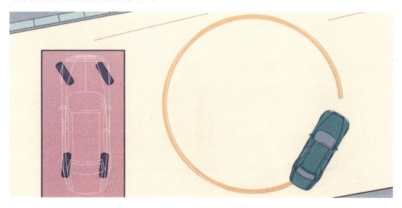

自动档停车时直接挂P位，到底会不会损伤变速器？

网上有传言，自动档停车时直接挂P位会损伤爱车，尤其是变速器。这种说法有没有道理？停车时到底应该先拉驻车制动器还是挂P位？本节就来说说自动档的变速器是不是真有这么"娇贵"。

网上流传着一种"正确停车法"：车停稳后，挂N位、拉驻车制动器、抬制动踏板、再挂P位、熄火，还说不这样操作就会损伤自动变速器的齿轮，最终导致变速器报废！自动档的车停车还有这么多讲究？视知车学院就来较较真。

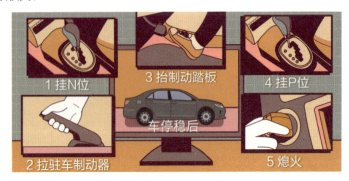

停车时，汽车靠驻车制动器和P位的合力防止溜车。先拉驻车制动器再挂P位，是想让驻车制动器承担大部分冲击力，减少对变速器，尤其是P位的损害。

可问题在于，变速器"领情"吗？

自动变速器挂入P位时，驻车齿轮和驻车棘爪会咬合在一起。与其他档位的精密齿轮不同，这两处咬得没那么紧，所以挂P位后松制动踏板，车有时就会晃动一下。

这两个零件用的是特殊材质，耐磨且有韧性，能应付超强的应力摧残。可以说，停车时先拉驻车制动器还是先挂P位，其实没什么区别。

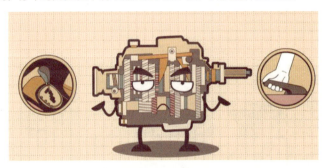

为了让变速器经久耐用，工程师在研发时就得考虑到各种极端状况，还要进行严格测试。假如汽车挂P位停在斜坡上，齿轮和棘爪会越咬越紧，这时再起动车辆，挂档就会相对费劲些，不过这点摩擦力也不足以伤害齿轮。

当然，有些情况确实会损伤变速器。比如挂P位等红灯时不幸被后车猛烈追尾，变速器很可能就报废了。

所以，短时间等红灯，踩住制动踏板或挂入N位就行。

对变速器伤害最深的是挂N位滑行，手动档可以，自动档可不行。

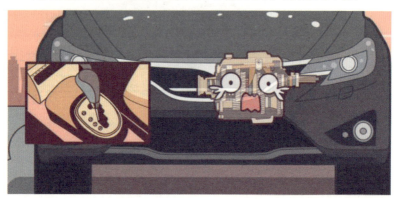

最后视知车学院提醒大家，保护变速器，定期更换变速器油才是正确做法。

夏季停车，车头位置很重要。停对地方车内温度降低 20℃！

夏天气温高、日照强，车内温度能达到 60℃ 以上，有些东西放在车里就会变成安全隐患。停车时如果做到本节中的几点，就能够有效降低车内温度。

夏季，汽车被暴晒几个小时，车内温度能达到 60℃ 以上。高档车配备了真皮座椅，经暴晒后温度更高。如果不想被"铁板烧"，最好盖个遮阳板。

今天还要再提醒大家，打火机、充电宝这类易燃易爆的危险品绝不能放在车里，出了事故，保险公司可不赔。

饮料和零食也别放在车里，在高温环境里食物容易变质。

数码产品之类的经过直晒，基本都会损坏。

小孩、宠物千万不要留在车内，会有生命危险。

地下停车场遮阳通风、气温低，是停车首选地；停车楼次之。如果只能停在地面上，那最好还是找个遮阳的位置。

如果只能停在太阳下，那要让车头朝北，以避免直晒座椅。

"这些小窍门，一般人我不告诉他！"

天热了，给车窗贴膜？不知道这件事可能白贴！

夏季气温高、日照强，因此不少车主都会去给车窗贴膜。但贴膜市场混乱，质量参差不齐。膜没选对，不仅浪费钱，还会影响行车安全！下面就来看看贴膜到底有什么讲究？

"我告诉你们，贴膜这行"水"可深了。我给车玻璃新贴的膜，花了3000多块钱，刚几天就这样了。"

贴膜贴得不合适，看不清路，出了事故，谁负责？

其实，贴不贴膜，主要还是看车窗玻璃的材质。

前风窗玻璃一般使用的是夹层玻璃，能隔热、隔紫外线，透光性好、视野清晰，发生车祸还不会四处飞溅。

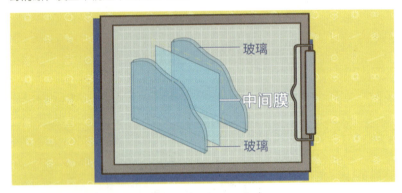

因此，理论上说，前风窗玻璃不贴膜也行。

侧窗和天窗等大多采用钢化玻璃。透光性虽然好，但是隔热效果大多不太好，虽然名字叫钢化玻璃，但仍容易被尖锐硬物打碎。

如果一定要贴膜,那么前风窗玻璃必须选择高透光率的,前排两侧可以贴浅色膜,后排两侧和正后方可以自由选取。

不过,贴一般的膜可能很难达到你想要的"遮光隔热"效果,而且高透光贴膜通常非常贵,贵到你不想贴。

所以,视知车学院建议你,侧面和正后面的玻璃贴膜随意选取就行了。

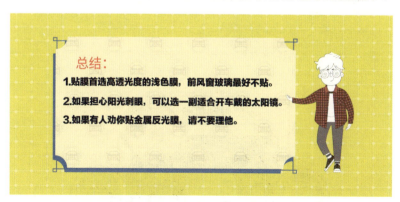

总结:
1. 贴膜首选高透光度的浅色膜,前风窗玻璃最好不贴。
2. 如果担心阳光刺眼,可以选一副适合开车戴的太阳镜。
3. 如果有人劝你贴金属反光膜,请不要理他。

天气转凉，如何防止动物在你的车内安家？

天气渐渐转凉，你家的车可能会迎来一些不速之客。

秋冬季，不少小动物喜欢把发动机舱当成温暖乡而强行入住，甚至在里面搞破坏，轻则咬破电线，重则损坏发动机。重点提示：保险拒赔，重金维修！虽然一直提倡人与动物和谐相处，但为了爱车，还是得想办法驱逐它们。下面就和你说说如何避免动物侵入汽车。

秋高气爽，又到了小动物们出门觅食的季节……

如果不注意车内卫生，蚂蚁、蟑螂、蜘蛛这些不速之客就可能在里面繁衍生息。它们看中车内，通常是因为这里有稳定的食物来源。

除了觅食，老鼠、小猫、松鼠等小型动物还喜欢把发动机舱当作栖身的温暖乡，尤其在天气转凉以后，一些顽固的小家伙还可能通过外循环通风管道，在发动机舱中筑巢。

而这些入侵的小动物会咬坏电线、软管和绝缘材料。

一旦动物被卷入传送带,发动机还有可能被损坏,那你在付出高额维修费的同时,还会目睹车内的惨状……

视知车学院提醒大家,为了避免诸多麻烦,一定要定期清理车内的各种垃圾,常做大扫除。停车时尽量远离垃圾箱以及落叶堆积或植物繁茂的地方。

有昆虫恐惧症的车主,可以在车里分散地放些干燥剂和樟脑丸。

假如爱车已经被小动物占领,你可以在车门、轮胎和行李舱等部位喷上驱虫剂。

对于独爱发动机舱的动物们,底盘护板是很好的阻挡物。如果有鼠患,可以把灭鼠药涂到食物上并放在底盘附近,或者把粘鼠胶固定在发动机舱附近。

另外,冬天开车前,最好先检查一下车底或发动机舱有没有闯入的小猫。

最后,视知车学院建议,车辆长久不开,最好用车衣盖住,并用布罩一类封住排气管。否则,排气管里的老鼠尸体将可能成为你的噩梦。

为什么我的车一到冬天油耗就升高？竟然是因为不会开暖风

天冷了，开车出门，暖风肯定不能少。好多人认为开暖风会增加油耗，所以开一会儿就给关了。其实，开暖风并不耗油，除非你使用的方式不对。下面就告诉你正确的暖风使用方式。

"受不了啦！赶紧开空调！不就费点油吗？"

"开空调？你说开暖风吧？开暖风不费油。"

汽车暖风和空调原理不同。冷气是通过空调压缩机制冷，而空调压缩机需要发动机带动，所以车的百公里油耗会增加1升左右。

要是开小排量车，夏天开空调还会觉得车动力不足、提速慢、制动变"硬"。

而汽车内的暖风是用鼓风机把发动机产生的热量从散热器吹到驾驶室,算废物利用,所以不会增加油耗。

但冬天车刚起动时散热器温度低,不会立刻产生暖风,反倒会使发动机升温慢、费油。

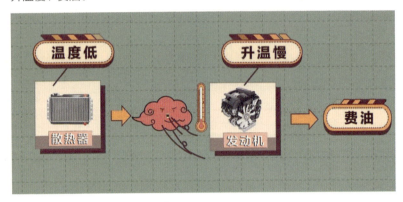

这个时候着急也没用,我们需要等冷却液温度上来之后再开暖风,先用外循环把车里的冷空气排出去,再打开内循环制暖。

开暖风时不用按下A/C键(空调开关)。

记住了，开车时间长，温度别调太高，暖洋洋地想睡觉，不得出事故啊？

还有，驾驶员千万别在封闭车库里不熄火却开着空调或暖风打盹，因为汽油燃烧不充分会产生一氧化碳，这会产生致命的危险。

最后，冬天玻璃容易起雾，冷风除雾速度快，但暖风效果更好，对着风窗玻璃吹一两分钟，不会反复起雾。

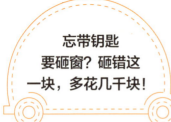

忘带钥匙要砸窗？砸错这一块，多花几千块！

砸车窗往往是出于迫不得已，比如夏天解救被困车内的小孩，还有人砸车窗取钥匙等。那么问题来了，车上玻璃那么多，砸哪块省钱又省力呢？下面和你说说，紧急情况要砸窗，砸哪块最划算。

"师傅，动手吧。"
"哎？你这是干吗？"
"车钥匙反锁在车里了，我这儿有急事，找不到开锁师傅，只能砸窗户了。"
"先别动手，车上这几块玻璃的价格可差着不少呢。"
车上一般有前风窗、后风窗、前后门窗、天窗和后三角窗。

我国规定，前风窗玻璃必须用夹层玻璃，因为中间有胶片，所以前风窗玻璃的抗冲击性能大大提高，别说砸了，就是撞车也不一定脱落。

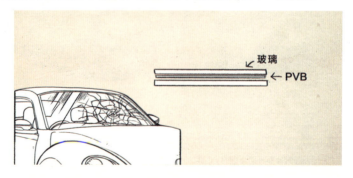

很多车上的后风窗玻璃是带电加热丝的钢化玻璃,也挺贵。

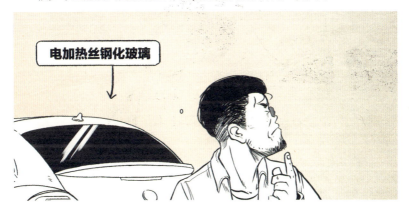

剩下的几块基本都是钢化玻璃。天窗这种高档配置,尤其是全景天窗,装配就有难度,旁边的钢筋也不一样,不能砸。

还有这个小三角窗，看起来不起眼，但真修的时候报价能把你吓一跳。虽然面积最小，但它有一圈密封圈，更换时全都得换。

再加上这块三角窗坏的概率小，很多4S店平时都没货，砸了就要等好久才有配件。

这么一比，前后门玻璃比较便宜，遇险逃生时一般先砸它们。其中，前门玻璃比后门还贵一点。

最后，车学院建议，为了避免出现这种情况，一定把备用钥匙托付给一个靠谱的人。

如何不伤车漆地清除掉鸟粪、树胶这些顽固污渍?

一桶水兑点洗涤剂,找几块抹布一擦,很多车主自己洗车就这么简单。但洗车这事,"简约而不简单"——选对毛巾、清洁剂才能不伤车漆,对付鸟粪、树胶等顽固污渍更需要窍门。下面就告诉你清理车身上顽固污渍的好办法。

首先得选对洗车的工具,别傻卖力气。不能用酸性或碱性的清洁剂,有时间上网淘一瓶知名品牌,还得是中性的清洁剂。

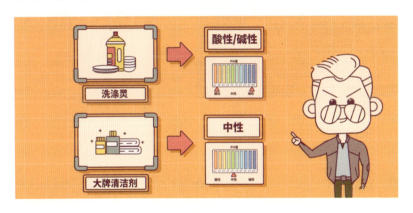

还有一种便宜的办法——用洗发水、沐浴露多兑水。

用毛巾擦车效果不好，擦完了会在车上掉好多毛。车主可以买几块细纤维擦车布，或者擦玻璃用的麂皮，擦拭效果更好且不留水痕。车主在擦车之前别忘了检查一下水桶，确定没有泥沙、小石子再擦车。

刚"出炉"的鸟粪，一定要赶紧用水冲！干了就不好擦了。车上那些顽固"遗迹"，千万别用指甲抠、小刀刮。可以用水浇一会儿、拿湿纸巾捂一会儿都能擦掉，网上卖的松弛剂、洗车泥也管用。

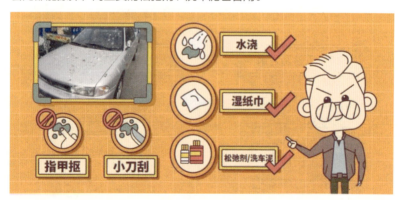

座椅呢，找个吸尘器吸一下。

车的外壳得擦干了，发动机舱盖铰链处、刮水器底部、玻璃密封条两端、行李舱的排水槽等部位不能存水。晾干之后，爱车的车主可以再打一层蜡。

当然，要是爱车实在脏得可怕，不如花点钱去洗车店做个深度清理好了……

夏日小妙招：一分钟教你降低车内温度！

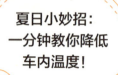

一到夏天，太阳暴晒过后，车内温度能达到近60℃，没有比这时坐进车里更受罪的事了。是应该等温度降下来，还是硬着头皮钻进去？下面来说说怎样让车里迅速凉快下来，以及避免空调异味的小窍门。

夏日炎炎，如果爱车在烈日下暴晒许久，车主立刻坐进去，那真是活受罪。此时，就算把空调开到最大也没用。想快速降低车内温度，你可以这样试试：先起动车辆，然后打开车门，再打开空调，将空调调到最大风量和最低温度，觉得温度差不多再开走。不过，这么一套动作之后，车凉快下来了，你可能浑身湿透了。

也可以起动车辆后打开对角的车窗，然后尽快开动车辆。再打开空调，把风调大，保持外循环，等出风口吹出冷风后关上车窗。过会儿车内外温度差不多了，可以改成内循环，逐渐降低风量、调高温度。

空调有异味的情况也挺常见,异味一般都来自这三个部件:滤芯、风道和蒸发箱。夏季来临之前,最好到维修店清理一下。换滤芯不管用就得清洗风道,异味太重还得查查蒸发箱,这些应由专业人员处理,自己操作容易损伤电子元件。

另外,停车之前提前一两分钟关掉空调压缩机,减少风道和蒸发箱内产生的冷凝水,进而防止有细菌滋生。

最后,车学院还有几个空调使用的小提示见下图。

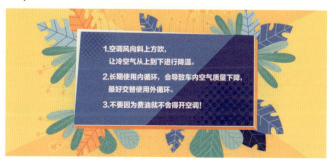

什么样的汽车更安全？

有人觉得关车门声音好听车辆就安全，还有人觉得钢板厚车就不怕撞。相信经验还不如相信碰撞测验，让科学告诉你什么样的车最安全。

什么样的车最安全？有经验的驾驶员会告诉你：操控要好、车身要重、钢板要厚、气囊要多、关车门声音要好听、还必须要有后防撞梁，这才万无一失！吸能？那都是骗人的！

他们说的对不对？咱们一条一条看。

操控要好，对吗？对！操控好就是为了提升在紧急状态下避险的能力，汽车厂商会为你的车安装上ESP（Electronic Stability Program，车身电子稳定系统）以提升车辆的操控表现。

ESP多有用？美国高速公路安全保险协会提供的数据显示，ESP能减少43%的致命性交通事故，单车致命事故率减少56%。所以，ESP不能减配。

除了ESP，同样能提升操控能力的还有ASR、TRC、DTC、TCS……它们其实都是一个东西，只不过各家的叫法不一样而已。

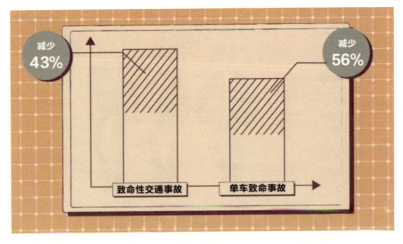

车身要重,靠谱吗?不一定靠谱!为什么?

车身更重的车型确实会在碰撞中更具有优势,而且重量差距越大,优势越大,这也是为什么大货车被视为"马路杀手"。但在日常生活中,同级车的车重一般差距不大。至于有些人说日系车车身轻所以不安全,那给他看看下图这组数据。而且车身越重,对制动和操控的负面影响就越大,一些情况下反而不如更轻的车安全。

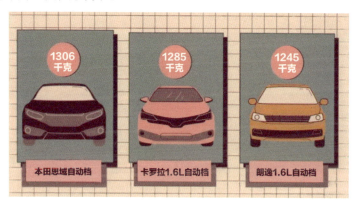

钢板要厚,靠谱吗?不靠谱!所谓的钢板,学名叫车身覆盖件,厚度一般都在1毫米左右,每种车型都不太一样;但一样的是,车身覆盖件最主要的作用是美观、整流和保护你不被风吹日晒。碰撞安全的事,它是不管的。

对于那些说日系车钢板薄不安全的人,先看看下面这张表。如果皮厚就是安全,那微型车(飞度)能比中型车(帕萨特)还安全吗?

国内汽车钢板厚度对比
汽车钢板厚度平均值(毫米)

雅阁	1.18
飞度	1.06
轩逸	1.10
迈腾	1.00
宝马X1	0.86

气囊要多,靠谱吗?靠谱!但是有先决条件,乘员必须要系好安全带才靠谱!车辆发生碰撞时,安全气囊会以极快的速度打开并充气,如果不系安全带,气囊反而会变成凶器。

来看一组数据,在所有可能致命的车祸中,如果乘员正确使用安全带和气囊,最多可以有60%的概率挽救生命;如果只使用安全带,概率仅为45%;如果只使用气囊,概念还不到5%。所以千万别找各种理由不系安全带了,有什么理由比生命更重要呢!

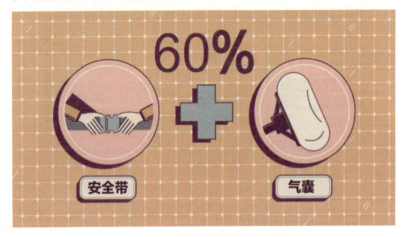

车辆必须要有后防撞梁,靠谱吗?一些情况下,靠谱!防撞梁不是用来防撞的,而是在低速碰撞时保护脆弱的车身尾部,并将撞击力分散到整个车身。如果车身尾部原本就有加固设计,那后防撞梁可有可无;但是如果原本设计存在的防撞梁被减配了,那在低速碰撞时可能撞得就要严重些了。

那什么样的车才安全?最基本的要做到"能软能硬、有里有外"!

软,指的是现代汽车普遍使用可溃缩的吸能设计。虽然软,但是软的有原则,遇到碰撞一定会按照出厂时设定的角度进行溃缩,这样既吸收了部分撞击能量,又能分散撞击能量,降低对乘员舱的压力。

硬,指的是使用高强度材料制造乘员舱。因为乘员舱是保卫乘员安全的最后一道防线,设计目标就简单得多——正面碰撞,绝不变形。除了使用高强度钢材之外,车辆采用高强度铝合金甚至碳纤维也并不罕见。

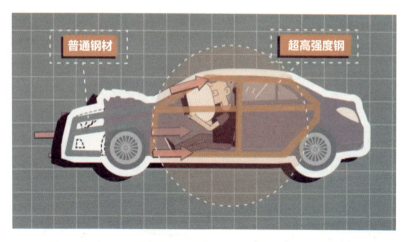

还有人说日系车"薄脆吸能",德系车坚硬不变形?别开玩笑了,全球第一个使用撞击吸能车身的就是奔驰S级W111。那网上的日德碰撞对比图片是怎么回事呢?撞击速度、撞击角度、撞击位置都不确定,谁还不会挑几张照片呢?

要判断一种车型是否安全,除了看是否符合基本的设计需求,还可以结合各个车型的碰撞测试成绩来判断。我们平时能接触到的碰撞试验除了我国的C-NCAP和C-IASI,还有欧洲的NCAP和美国的IIHS。由于各地法规不同、配置不同,碰撞测试的项目也不一样,因此这个成绩只能作为参考,而不是绝对保证。不过,碰撞测试得五星的车型总归比三星的要靠谱些。

最后还有一点,就是同一时期用同一平台生产的高级车型一般比低级车型更安全,而同级别的新平台车型一般比老平台车型更安全。

不过,毕竟是人在操控车辆,因此,遵守交通规则,不超速,不酒驾,不疲劳驾驶,才是安全的根本。

雨天开车,哪些准备工作能提高行车安全?

夏季雨水多,开车时不仅视线不好,还有很多安全问题:玻璃起雾怎么办?灯光应该怎么用?下面就说说,雨天开车时应该做好哪些准备工作。

进入雨季的汽车应该注意点什么?

夏季雨水多,应先提前检查刮水器的胶皮有没有老化。

再看看前风窗处的防水槽,确保排水通畅,否则积水不仅可能导致ECU短路,还会损坏发动机。

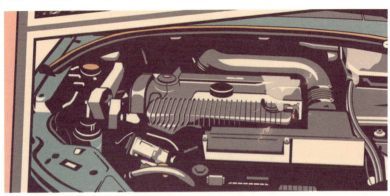

现在不少汽车的刮水器开关功能多、操作复杂，需提前搞清楚怎么用，别等下了大雨才着急。

车内玻璃起雾，用布擦分散精力，效果也不好，还得靠吹风。

那么是用冷风吹还是用暖风吹？我们建议打开外循环，用冷风除雾，这样速度快，但跟用布擦一样，很快又会起雾。更重要的是……冷！

用暖风除雾虽然速度慢，但是一劳永逸，更省心。

还有一种办法，驾驶员可以在玻璃表面喷点斥水剂，效果更好。

外边路况差，为了让自己看清别人，更为了让别人看清自己，日间行车灯、近光灯、示廓灯最好都打开，让前后车辆尽早发现你。

如果雨太大了，驾驶员应打开前后雾灯；但唯一不能打开的是远光灯，尤其是LED灯——灯光会被雨水折射，降低能见度，反而更危险。

做了这么多准备工作，这下安全了吧？先别放松警惕，雨天开车想要安全又省心，要做的还有很多呢！

最重要的是别打肿脸充胖子，遇到水坑别硬过，千万别拿汽车当潜水艇开！

轮胎花纹作用大有不同，教你如何挑选一款安全轮胎

好马配好鞍。轮胎对汽车的行驶安全有着重要影响，挑选一款合适的轮胎，花纹也是需要考量的因素。那么，轮胎花纹到底起到哪些作用？不同的花纹如何影响轮胎的性能？下面就说说你可能不太关注的轮胎花纹！

"你们知道轮胎为什么要有花纹吗？"
"这还用说？跟鞋底一样，增加摩擦力呗！"
"可F1赛车的轮胎就没花纹啊！"

轮胎花纹关系到轮胎的性能发挥。简单地说，轮胎花纹主要有以下几个作用。

一是增加排水。在车辆遇到有水的路面时，如果是不带花纹的或者花纹太浅的轮胎高速转动，就会"水上漂"。

胎面上的"沟沟坎坎",能在轮胎和路面之间形成较大的排水空间,把积水集中抛到后面,使轮胎与地面保持良好的附着力,防止打滑。

F1赛车的干胎(没有纹路,也叫作光头胎)能增加在干燥路面上的摩擦力,但如果比赛时遇到下雨,也得换带花纹的雨地胎。

二是降噪。轮胎与地面接触,撞击和空气振动都会产生噪声。市面上静音轮胎的花纹通常又小又密。而追求抓地性能的轮胎,花纹会被做成块状,沟少,噪声就要大一些。

再说说不同的轮胎花纹对汽车性能有啥影响。越野车的轮胎胎面沟槽宽大，能排出沙粒、石子，以应对野外路况。雪地胎需要压实并甩出积雪，因此花纹呈块状排列，能深嵌到雪地或泥泞的路面中，让车辆产生驱动力。

轮胎花纹的方向不同，效果也不一样。纵向花纹轮胎对于车辆的稳定性有帮助，适用于高速公路。横向花纹轮胎适合荒郊野外的路况，但不如纵向花纹轮胎灵活。

主流轮胎的花纹多是横纵结合，各种路况都能应付。还有一种不对称花纹，主要用在高性能车的轮胎上，适合高速转弯。

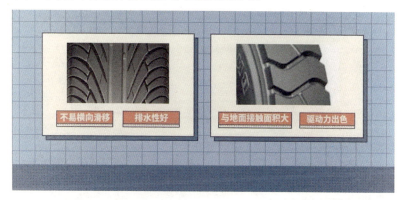

汽车落水怎么办？学会这两招能保命！

天降暴雨，车开半路突然变成"潜水艇"，打电话坐等救援还是积极寻找方法自救？别慌，本节就来带你学会有用却希望永远别用上的保命技能。

夏季暴雨天，不少城市发生内涝，这时在路上开车，轻则丢车牌，重则发动机进水，直接变成水泡车，甚至危及生命安全。

天降暴雨，河流、湖泊水位暴涨。万一汽车不幸落水，该怎么办？

由于汽车的密封性不算差，因此掉到水里也不会马上沉下去，而且刚刚入水时乘员还有可能推开车门，这时要立刻逃生。

如果车门打不开，试试天窗能不能开。

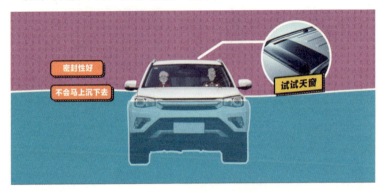

假如水还没漫到车顶，车内外压力差不多，车门也有可能打开。但很多车会出现电子锁短路，力气用尽也推不开车门，此时就要果断地砸车窗！

有种说法，建议用座椅头枕砸车窗。事实证明，并不可行！

头枕的金属杆倒是可能撬开车窗和车门的缝隙，但特别难撬开。

还有人说，高跟鞋、皮带扣、手表都能打碎车窗。但事实是，找到像安全锤、灭火器、千斤顶这些工具才能放开拳脚。

另外，别砸风窗玻璃，侧窗才是正确选择。

侧窗玻璃一般中间厚、四周薄,因此,要破窗就要先砸四个角。对了,在水里砸玻璃更费力气,所以千万别手软。

砸四角

总之,汽车落水后要尽快砸窗,平时车里备个金属安全锤很有必要。最后,希望你永远都用不上安全锤!

安全锤
希望永远用不上

夏天在车上放这些东西，汽车很可能自燃！

每到夏季，高温持续，人进入了中暑高发期，车也进入了自燃高发期。除了高温，还有什么原因会引发自燃？为了预防车辆自燃变废铁，请好好看看本节的内容吧。

烈日炎炎，人变得燥热，车也容易"闹脾气"。

因高温而出问题的车，要么是上了年纪，要么是保养不到位，使得车的油路和电路出了问题。

车上的汽油、机油、减振器油、变速器油都是易燃品，万一渗出来流到涡轮或者气缸上，那可就麻烦了。

电路老化容易出现短路，一般来说问题不大，可假如电路发生短路且迸发了小火花，又恰巧碰到了油或者吸了油的隔音棉，就容易自燃。

第五章 汽车安全 | 223

所以保养时最好叮嘱维修师傅仔细检查油路和电路,该修的修,该换的换。

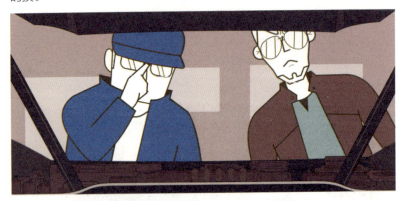

夏天开车还得注意以下几点:

别让车太"累",防止油温过高。

开车跑长途要多休息,避免发动机温度太高。

车底变速器、排气管温度高，停车时要注意周边环境，小心引燃花花草草。

最后，车里别放易燃易爆危险品，比如打火机、电池。

还有千万别放老花镜、放大镜，它们会聚焦光线，时间长了可能会烤坏内饰，甚至引发自燃？

穿高跟鞋开车不安全！

高跟鞋好看但是不适合穿着开车，毕竟开车穿错鞋会影响驾驶安全，害人又害己。男同志们也别悄悄松口气，以为自己不穿高跟鞋就没事了？还有几种鞋，穿了一样不安全，下面就带你数数。

要说最不适合开车的鞋，当属高跟鞋！

高跟鞋着地面积小，鞋跟又那么高，踩踏板时很可能后脚悬空，鞋跟卡在踏板和车底间的空隙里，于是踩不下去又抬不起来。想从制动踏板换到加速踏板，鞋跟也是个阻碍。

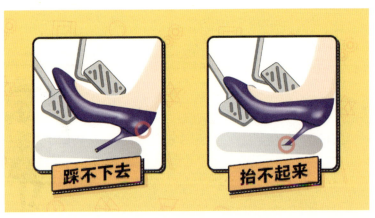

坡跟鞋立足不稳，鞋底又硬，没法正常踩踏板。

假如鞋后跟又高又粗，驾驶员开车的脚感就会很差，难以判断深浅，踩过了或者不到位，后果不堪想象。

拖鞋凉快省事，但也不适合开车。

普通拖鞋、洞洞鞋还有人字拖,都不跟脚、容易滑落。

还有雪地靴,鞋底太宽,容易卡住;鞋底又软,让你踩踏不灵敏、反应时间长。踩制动踏板或加速踏板时万一被卡住了,就很危险。

还有松糕鞋的厚底,跟砖头似的,根本把握不了加速和制动的力度。请记住,鞋底太厚的鞋都不要穿!

一位女同事有一次穿高筒皮靴开车,脚踝和膝盖活动都不方便,时间一长腿都麻了!

那光脚开车行不行?

你脚底虽然不平滑，可这点摩擦根本不够，光脚非常容易打滑。

视知车学院建议，驾驶员们最好在车里备一双专门用于开车的鞋，平底、防滑，底部厚度适中。

开车本来就挺累，还不让脚底舒服点?

汽车自燃只能认倒霉？

预防工作也做了，但汽车阴差阳错还是自燃了，怎么办？先别着急，想想如何降低经济损失才是关键！车辆发生自燃应该怎么处理？应该找谁来赔钱？

如果爱车自燃了，那不要多想，马上熄火、下车。

火势小的话，你可以拿出随车灭火器先救火；如果火势控制不住，要赶紧跑到安全的地方。然后掏出手机拍照，留下证据。

随后拨打119（消防报警电话）和122（交通事故报警电话），最后通知保险公司和4S店。

自燃后车肯定没法抢救了，事后车主记得去开具消防证明、鉴定报告和事故证明。

如果还在保修期内，而且是车辆自身原因引起的自燃，那便可以理直气壮地找车企赔偿损失。

车辆过了保修期,车主也可以找保险公司理赔,当然前提是你买了"自燃险"。

视知车学院提醒你,自燃险是附加险种。一辆十几万元的车,一年的自燃险大概一二百元,最好买上。

如果是自己改装车辆引起的自燃，保险公司不负责赔偿；不是车辆自身原因引起的自燃，保险公司也不赔偿；没定期年检的车辆自燃了，同样也不赔偿。

引起自燃的原因很多，下面给出了这几种解决方式。

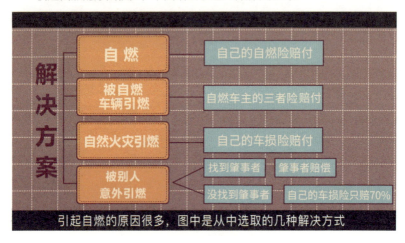

引起自燃的原因很多，图中是从中选取的几种解决方式

最后，车学院提醒：随车灭火器也有保质期，车主记得定期更换。

车主注意：
夏天没买涉水险？
小心汽车进水保险公司
分文不赔！

大雨季节里，开车难免涉水。但涉水有风险，万一汽车进了水怎么办？有涉水险呢！那涉水险要怎样理赔？

你年年买全险，就天真地以为只要车有损坏，保险公司就全赔？

视知车学院在此提醒：发动机如果进了水，全险不管赔——因为全险套餐中不包括涉水险！

以前买涉水险的人不多，但是近几年好多城市一到夏天就出现内涝，涉水险的关注度才变高了。

假如车辆涉水行驶或被水淹没，导致发动机损坏，只有投保了这个涉水险，保险公司才会对维修发动机的费用给予赔偿，其他费用还是由车损险负责赔偿。

所以，"涉水险"的叫法不完全准确，有的公司把它称为"发动机特别损失险"。

虽然车辆进水是小概率事件，但只要发动机因此出点毛病，简单清洗下发动机就要上千元，够投保好几年的涉水险了。

如果车辆有可能涉水，或者你所在的城市雨水比较多，我们建议你还是尽量投保涉水险吧！

对了，车主就算投保了涉水险，多数保险公司也只会赔偿维修费用的80%左右；想获得全赔，还得加上不计免赔。

最后视知车学院提醒大家,车辆涉水熄火后,千万别二次打火,自动启停功能也必须关掉。

人为原因导致发动机损坏甚至报废的,保险公司也不赔付。

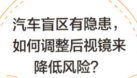

汽车盲区有隐患，如何调整后视镜来降低风险？

不管是刚拿驾照的新手，还是驾龄十年的驾驶员，都会遇到盲区问题。汽车到底有几处盲区？如何有效减少盲区？本节来说说，如何调好后视镜，提升行车安全性。

儿童在车后玩耍，驾驶员倒车酿成惨剧；小汽车正常行驶，竟被转弯大货车无情碾压；是技术太差还是酒后驾驶？

原因很简单，盲区。

驾驶员坐在驾驶位上，不可能做到"面面俱到"，一辆家用车的盲区主要有下面这几处。

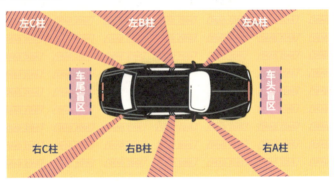

驾驶员如果把三块后视镜调到合适角度，就可以大幅减少车身两侧的盲区，提高拐弯、并线时的安全性。

首先，要保证你的座椅位置合适，保持坐姿端正。

再调整反光镜的左右角度,让车身不超过镜面面积的1/4,角度太小或太大都会有遗漏的区域。然后调整反光镜的上下角度,让路面占整体镜面的一半,右侧可以稍低一些,以便侧方停车时看见路边的情况。至于车内后视镜,调整至能看到完整的车后窗即可。

解决了两侧的盲区,也不能忽视车前盲区,尤其A柱更危险。因为A柱是车身结构的重要部分,所以通常比较宽。车学院在此建议:拐弯时身体前后移动一下,调整视线,避免盲区。

在车辆低速行驶时,车头、车尾的盲区更为致命。想要避免危险,最基本的还是小心慢行,或者干脆让乘客下去看看。

这时,科技安全配置能帮上大忙。

最后,车学院想说,体积大的车盲区也大。

大货车不仅自身有很大盲区,还有大面积的内轮差,普通车在路上要尽量远离。

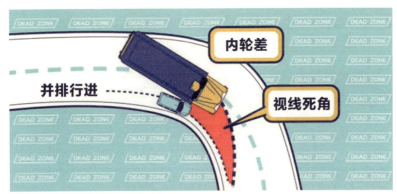

关键时刻能救命！你必须掌握的冬季开车技巧都在这儿

霜多、雾多、雪多，路面湿滑，雾里看花，冬天开车为什么这么难！别担心，本节就告诉你冬季该如何安全行车。

"冬天开车技巧有什么可讲的？遇到冰雪路面，开慢点。"

"那你不成'移动路障'了？"

冬天开车，驾驶员的注意力要更集中，经过路口时，车前和三个后视镜都得看一遍。

路面湿滑最忌讳紧急制动，万一前车紧急制动了，如果自己的制动距离不足，就要赶紧换到旁边车道上，留出更多的缓冲距离。

经过高速岔路、山路弯道、城市路口以及盘桥弯道时，尽量别踩加速踏板，否则车辆容易失控。万一车辆失控，猛踩制动踏板、猛打方向都很危险，正确方法是松开加速踏板、稳住方向盘并保持出弯方向，等车轮恢复抓地力。

虽然现在的车都装有ABS、EBD，有的还有雪地模式，但不能全靠科技，最关键的还是要保持轮胎和地面的附着力。在阳光照不到的地方要小心，少走一半冰面、一半沥青的路。

在东北，70%的驾驶员会把四个轮胎都换成雪地胎。气温低的时候，胎内空气收缩，胎压略有下降，软点也没事。要是陷在雪地里，可以多放点气，让轮胎增大与地面的接触面积。

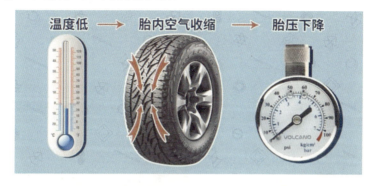

在雪地里开车，驾驶员要控制好发动机转速以及保持踩1/3左右的加速踏板，否则轮胎可能原地刨个坑，车却不往前行驶。

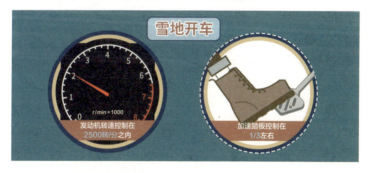

最后，车学院还要提醒你：

冬季驾驶还需注意：
1. 上车前注意底盘下是否有小动物。
2. 注意防冻液和玻璃水是否达到低温标准。
3. 刮水器被冻住可打开暖风，千万别用手掰。
4. 冬季着车后，不要立即开走，但也不需要原地热车太久，转速下降到正常怠速即可。

高速路上爆胎怎么办？教你几招，关键时刻能保命！

轮胎是汽车与地面接触的唯一媒介，但凡胎压过高过低或轮胎磨损老化，都将为行车安全带来巨大风险，尤其在高速公路上行驶，爆胎经常造成严重事故。面对高速爆胎，驾驶员该怎么做才能化险为夷？下面就来说说几招爆胎时的保命技巧。

高速公路上因为轮胎问题发生的交通事故，70%都是爆胎引起的，爆胎使得车辆非常容易甩尾甚至翻车。一旦爆胎，猛踩制动踏板更容易导致汽车失控。这时一定不能慌。

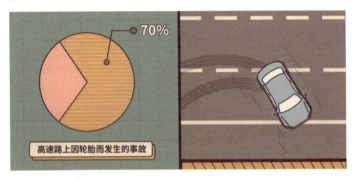

通常听见"砰"的一声，汽车尾部摇摆、车身轻微偏转，这是后轮爆胎。

这时，驾驶员首先要握紧方向盘，尽量让汽车保持直线行驶，然后用点踩制动踏板的方式慢慢减速。这样可以使汽车的重心前移，让前胎受力，减轻后胎承受的重量。

如果发生了爆胎，方向盘被一股很大的力量拉向爆胎方向。这是前轮爆胎，它比后轮爆胎更危险。

假如这时猛踩制动踏板，前轮会承受很大力量，导致爆裂的轮胎直接脱离轮圈，车辆不易停下，甚至会翻车。

所以，前轮爆胎时更要紧握方向盘，控制好前进方向，先松加速踏板，再点踩制动踏板慢慢停车。

无论是哪种爆胎，驾驶员都要先控制好汽车，然后驶入应急车道慢慢停下，还要在车后150米处放置三角警示牌。驾驶员在更换备胎或等待救援时，千万不要走出应急停车带的范围。

简单来说就是爆胎了驾驶员不要慌、紧握方向盘控制方向，点踩制动踏板慢慢停车。

平时我们应该勤检查轮胎，做好预防。发生爆胎，一般都是因为胎压过高或过低，轮胎老化或有损伤而造成的。

轮胎的钱不能省，该保养就保养，该换就换，平时开车不要超载和超速。

几种可能致命的车内装饰品，看看你的车里有没有？

有些人提了新车回家，就立刻把各种装饰品放进车内。但这些东西如果质量不过关，轻则影响车内空气，重则威胁行车安全。

视知车学院奉劝：给爱车进行装饰美容，这笔投入要实用，否则不光费钱，还会埋下隐患。

先说座椅。

对于原厂座椅，好多人觉得织布容易脏、真皮冬天冷夏天烫，不如加个座套。但座套是有安全隐患的。许多车辆的座椅侧面都有侧气囊，发生危险时能第一时间打开保护乘员，可一旦被座套挡住，气囊弹出的速度、角度都会受影响。

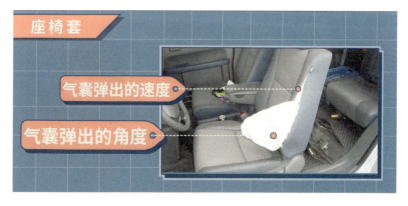

座椅套
气囊弹出的速度
气囊弹出的角度

另外，原厂座椅的面料都经过了安全测试，而新加座套的摩擦力够不够、能不能防火都是未知数。

脚垫倒是可以选择性地使用。原厂脚垫虽然贵又不太耐脏，但是有固定卡扣，和地板贴合度高，材料、工艺、脚感都比较好。如果随便换个脚垫，味道太大的可能就不太健康，万一没固定好把踏板卡住了，那可能会出事故。

第五章 汽车安全

有些装饰品则只会添乱，比如毛茸茸的方向盘套就很容易打滑。

便宜的车用香水成分未知，说不定易燃易爆。

至于下图中这些挂件，真想求平安，就别摆了吧。

车内饰品装不牢可能会伤人，严重遮挡视线的，警察还可能会拦车罚款。

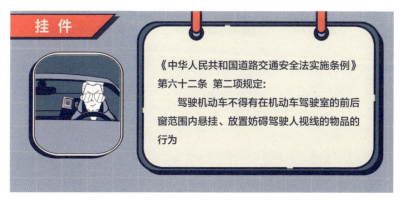

汽车就是个代步工具，车内装饰品撑不了面子也显不出个性，有的三无产品轻则影响车内空气，重则威胁行车安全，我们建议，这些装饰品还是尽量不要摆放在车中比较好。

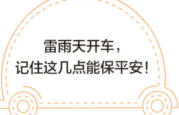

雷雨天开车，记住这几点能保平安！

雷雨天开车，不管做了多少准备工作，上了路仍要格外当心。有积水的路口能不能过？碰到雷雨天还能不能开车出门？视知车学院下面就说说，雷雨天如何开车最安全。

不管提前做了多少准备，视知车学院提醒大家，雷雨天上路还是要保持警惕。

下了雨，地面的附着力降低，同一款车在湿滑路面上的制动距离要比干燥路面长10%。除了制动要小心，加速、转弯、并线也都要注意。

行车时，要与前车保持更远的安全距离，要慢打方向、慢踩制动踏板，尽量减少不必要的超车和并线。此外，还要提防突然并线的莽撞驾驶员。

最重要的是，避开那些大货车，湿滑路面对它们影响更大。

所以雨天开车必须眼观六路，还要双手握住方向盘。假如一侧轮胎压到积水里，车身会被猛地拽向积水一侧，此时若是单手握方向盘，就容易发生事故。

此外，要注意避让打着雨伞披着雨衣的路人。还要小心路面的标线，尽量别压着线开车，要知道这些线表面都是反光漆，下雨时更容易打滑。

路上有水坑，尤其在桥下，拿不准深浅时千万别往前冲。

如果必须从积水处开过去，那就先探探积水深度，水没到轮毂一半还算安全，再深点发动机就危险了。

遇到雷电天气别怕，只要关好车窗，车里绝对安全。
停车时请记住，远离树、广告牌、配电箱和电线杆。

地下停车场还比较安全，可是开进去时也要格外小心，毕竟开进去时要走的可是湿滑的下坡。

> 学会车灯的使用方法，相当于掌握了一项救命技巧！

车灯用途繁多，正确使用车灯与行车安全息息相关。

下面就和大家说说关于正确使用车灯的冷门知识。珍爱生命，远离"车灯杀手"。

远光不能乱用大家都知道，视知车学院下面再讲讲一些你不知道的车灯使用知识。

示廓灯一般前白后红，阴天或傍晚就靠它"刷存在感"，但它在夜间照明的能力基本为零。

雾灯穿透力强，所以在雨雾天气用最好。

不过也有些车型为了节省成本连前雾灯都减配，这时你可以用近光和双闪代替。但千万别开远光灯。

双闪的学名是"危险报警闪光灯",此灯一开,必有急事!但是,婚丧嫁娶、自驾出游是不能乱打双闪的。

大雾天开车应当开启雾灯和双闪。

高速公路上遇到雾、雨、雪、沙尘、冰雹等恶劣天气,为了安全,能见度小于200米就应赶紧打开雾灯。

而能见度小于50米时,应开启雾灯、近光灯、示廓灯、前后位灯和危险报警闪光灯,同时车速不得超过20千米/时,并从最近的出口尽快驶离高速公路。

近些年,装配日间行车灯的车型越来越多,但一些没配日间行车灯的车型如果想后期加装,法规并不允许,交管部门会强制将其拆除并处200元以上2000元以下罚款。

最后说说"爱惹事"的远光灯。远光灯和近光灯开关方式完全不同，位置也离得很远，误操作的可能性极低，也就是说，远光灯大多都是故意打开的。

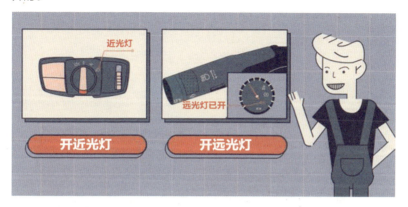

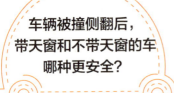

车辆被撞侧翻后,带天窗和不带天窗的车哪种更安全?

全景天窗作为汽车配置界的"网红",一直饱受争议。有人认为它就是个花瓶,而且一旦出事故还会降低车身安全性。假如不幸天降坠物,全景天窗真的会被瞬间砸破吗?铁皮车顶就能安然无恙?

除了敞篷车,其他车型都有顶篷结构。不过,车顶带不带天窗和车身安全没什么关系。有无天窗的车顶篷最明显的区别在于车顶的加强横梁。

配备全景天窗的车型，会选用更高强度的天窗加强环实现同等效果。

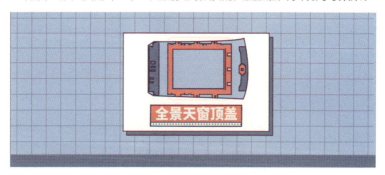

而且，普通车顶其实就是一层铁皮，主要作用是遮风挡雨。而大部分全景天窗则会选用钢化玻璃。遇到重物压顶或高空抛物，钢化玻璃的硬度不一定比铁皮差，不过，修起来很贵。

普通车顶部位属于车身覆盖件，并非是决定整体安全的部分。

不管什么车，一旦发生侧翻或翻滚，主要靠的是车身的B柱、A柱和C柱来提供支撑保护，以及车顶钢梁分散撞击力。当然，重要的还有车身的骨架设计和材料强度，因此车辆带不带天窗与侧翻后的安全性没有直接关系。

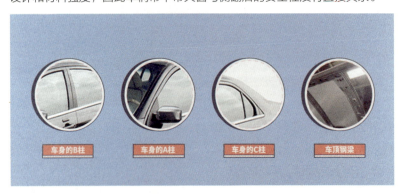

车企必须重视顶篷安全，因为车辆侧翻事故很常见，死亡率也很高。

最后，视知车学院提醒：重心高的车在快速变线或紧急避让时更容易侧翻，比如皮卡和越野车。